AF311632

# LIVRE D'OR

## DE LA FAMILLE GARNIER

### DES GARNIERS

### A LISSAC (Haute-Loire)

---

*Fratres, quæcunque scripta sunt,*
*ad nostram doctrinam scripta sunt.*

*Frères bien aimés, tout ce qui a*
*été écrit ici, l'a été pour notre ins-*
*truction et édification.*

*(St Paul, Epître aux Romains,*
*c. XV, v. 4)*

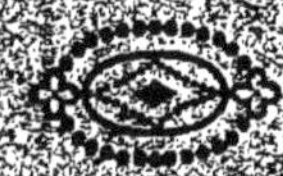

LE PUY
Imprimerie de l'Avenir
1928

*A tous mes Parents*
*se rattachant à la famille Garnier, des Garniers.*

## CHERS PARENTS,

J'ignore s'il vous a été donné de pouvoir visiter une de
ces demeures seigneuriales, un de ces nombreux châteaux
qui subsistent encore un peu partout, voire même dans
notre pays du Velay.

Si vous avez eu cette bonne fortune, je suis sûr que
parmi les différentes salles plus ou moins luxueuses qu'on
vous a fait visiter, il en est une qui a particulièrement
attiré votre attention. Assurément, toutes vous ont inté-
ressé et vous ne pouviez assez en admirer le bel ameuble-
ment, les riches tentures. Convenez néanmoins qu'à aucun
moment, vous n'avez éprouvé ce saisissement qui s'est
emparé de vous, quand on vous a fait pénétrer dans la
pièce principale ou le salon d'honneur. A peine en aviez-
vous franchi le seuil que vous vous êtes cru transportés
dans un autre monde. Pourquoi? Parce qu'aux murs de
ce vaste appartement étaient appendus, à côté de nombreuses panoplies et armes de toutes sortes, les portraits
des ancêtres. En les contemplant, vous vous reportiez, par
la pensée, à l'époque déjà lointaine, où ils occupaient ce
château et il vous semblait dès lors que cette demeure
n'était point vide. Ces grands Seigneurs qui vous regardaient encore plus que vous ne les regardiez, semblaient
vous parler et vous dire ce qu'ils avaient fait, ce que vous
deviez faire vous-mêmes.

Mais si, quoique étrangers, vous étiez ainsi saisis, quelle
ne doit pas être l'impression de leurs descendants, lorsque,
eux aussi, ils se trouvent en présence du portrait de leurs
ancêtres dont ils connaissent la vie si chevaleresque et
si pleine d'actions d'éclats ? Ne vous semble-t-il pas que
le souvenir de ces héros rendus pour ainsi dire présents
est éminemment propre à exciter une noble émotion et
à porter leurs descendants à marcher sur leurs traces ?

Pour nous, parents bien aimés, nous ne sommes pas
nés dans une de ces demeures seigneuriales, nous ne pouvons pas nous prévaloir de notre blason. La maison, sise
*aux Garniers* de Lissac, qui a servi de berceau à notre

vieille famille ne fut pas un château. Elle se signalait néanmoins par ses vastes proportions, ses nombreuses dépendances et aisances de toutes sortes, mais encore et surtout par son hospitalité bien connue de tous les pauvres de la région. (1)

Aussi gardons-nous pieusement le souvenir de ceux qui l'habitèrent et qui furent, nous le savons, des modèles de foi, d'honneur et de vertu. Leurs portraits ne sont pas exposés dans un riche salon, mais nous savons quels chrétiens ils furent et le souvenir de leurs vertus demeure toujours vivant parmi nous.

Nous avons vraiment plaisir à nous rappeler la foi vive et profonde de ce père, Pierre Garnier, qui eut l'honneur d'avoir une fille martyre, de ce frère de la martyre, Pierre Garnier, lui aussi, qui eut l'honneur de donner cinq de ses enfants à la vie religieuse et au cloître. De tels souvenirs ne doivent pas se perdre. C'est pour les perpétuer à jamais, parmi nous, qu'à défaut de leurs portraits, qui, à cette époque, étaient plutôt rares, j'ai eu à cœur de faire imprimer ce petit livre, que j'appellerai le *Livre d'or* de la famille et dans lequel vous trouverez le récit du martyre de notre arrière-grand'tante, la bliographie de nos grands oncles Chartreux ou Trapistes, de leur sœur Visitandine, notre grand'tante, de notre propre tante, Visitandine aussi, de notre cousine (sœur pour les uns) Amélie Farigoule, morte religieuse à Notre-Dame, de notre cousin (frère pour les uns Louis Garnier, mort frère des Ecoles chrétiennes à Valence.

Ce petit livre sera ainsi comme un écrin où demeurera enchâssé le récit de leur vertus. Ce sera comme un parfum qui embaumera chacun de nos foyers, comme une liqueur que chacun de nous savourera avec délices....

Puissent de tels souvenirs faire éclore dans la famille de nouvelles vocations religieuses et nous donner à tous l'énergie morale qui nous permettra de continuer les traditions de foi, de vertu et de travail qui furent toujours celles de notre vieille famille ! — C'est le vœu le plus ardent de mon cœur, comme ce sera toujours l'objet de mes humbles prières.

Abbé GARNIER,
*Ancien curé de Vernassal.*
25 mars 1928.

---

(1) Les anciens nous ont raconté, dans notre enfance, que le frère de la Martyre, le propre père de Dom Louis, la nuit venue, montait sur son cheval dont il avait enveloppé les sabots, pour passer inaperçu et allait, de la sorte, distribuer quelques provisions, de ci, de là, aux pauvres honteux alors très nombreux dans la paroisse.

# NOTICE

sur la Martyre Marie-Anne Garnier, sœur de Saint-Joseph,

## en religion sœur Saint Julien,

*de la communauté de Beaune, près Chomelix ( Hte-Loire )*

éxécutée au Puy, le 17 Juin 1794.

———— ◦❖◦ ————

La martyre dont nous osons entreprendre l'histoire naquit au lieu dit les Garniers, paroisse de Lissac en 1756. (1) Elle appartenait à une vieille famille terrienne que nous avons trouvée fixée aux Garniers, de temps immémoria.

## I. — La famille Garnier

A l'époque où commence notre notice, la famille Garnier était l'une des plus marquantes de là région, mais se distinguait surtout par son attachement à la religion. Elle devait en donner des preuves. Rien d'étonnant dès lors que Dieu l'ait honorée de la gloire du martyre.

Marie-Anne Garnier, notre future héroïne eut pour père, Pierre Garnier, né aux Garniers en 1730 et pour mère Marguerite Roux, née à Coubladour, paroisse de Loudes en 1733.

Marie-Anne était l'aînée des cinq enfants qui devaient composer la famille de Pierre Garnier : trois filles et deux garçons, du nom de Pierre et Jean-Claude.

Des deux sœurs de Marie-Anne, l'une Marie, par son mariage, entra dans la famille Ranchet d'Ours-Mons, près Le Puy, famille, elle aussi, bien connue, encore de nos jours, par son honorabilité et son attachement à la religion.

———————

(1) Extrait de baptême de Marie-Anne Garnier :

« Marie-Anne Garnier, fille légitime de Pierre et de Marguerite Roux, du lieu des Garniers, paroisse de Lissac, est née et a été baptisée par nous, le 2 février 1756. — Son parrain a été Jean Roux de Coubladour, son grand-père et sa marraine Marie-Anne Chabanel de Lissac ».

PONCHON, *curé.*

L'autre bien plus jeune avait reçu, au baptême, le nom de Marguerite. Nous la retrouverons dans ce récit.

A cette époque de foi, les vocations religieuses n'étaient pas rares dans notre pays. Le milieu était trop favorable aux Garniers, pour qu'il n'y eût pas, en ce moment, comme dans la suite une éclosion de vocations religieuses.

## II. — La vocation.
### Sœurs de Saint-Joseph, à Beaune

De bonne heure, Marie-Anne demanda et obtint sans peine de se faire religieuse dans le couvent de Saint-Joseph de Beaune, près Chomelix, où devait venir plus tard la rejoindre sa jeune sœur Marguerite.

La communauté des sœurs de Saint-Joseph de Beaune qui avait ainsi attiré dans son sein les deux sœurs Marie-Anne et Marguerite Garnier jouissaient dans la région d'une réputation bien méritée. Cette maison, une des premières de l'Ordre, fondée en 1671 par Mgr de Béthune, lui-même, fut toujours dirigée par de saintes filles qui édifièrent la paroisse par leur piété, se recommandèrent par leur charité infatigable et propagèrent autour d'elles la connaissance et l'amour de Dieu, en distribuant, avec un dévouement à toute épreuve, l'instruction et l'éducation chrétienne aux jeunes filles de la paroisse.

Il fallait que l'œuvre des sœurs de Saint-Joseph et spécialement celle du couvent de Beaune, eût été fort agréable à Dieu, puisqu'il ne trouva pas de plus belle récompense que de se choisir une martyre dans cette communauté. Une autre communauté, seulement, dans le diocèse du Puy, a eu le même privilège et le même honneur : le Tiers-Ordre de Saint Dominique, communauté de Craponne.

Le sang des glorieuses martyres devait, comme une rosée féconde, faire germer et refleurir à nouveau le grand arbre de ces deux communautés que la hache révolutionnaire avait coupé, presque à sa racine. Et quelle rosée plus vivifiante que celle du sang généreusement répandu ? Faut-il s'étonner ensuite de la vigueur et de la fécondité des nouveaux rejetons ?

## III. — Nombreuses vocations
### dans la famille Garnier

Et ce qui a été vrai, spécialement pour la communauté de Saint-Joseph, l'a été aussi pour la famille Garnier des Garniers.

Pierre Garnier, frère de la martyre, marié, en 1798, avec Marie-Rose Perrin de Saint-Vincent, n'eut pas moins de sept enfants. Sur ce nombre, deux seuls entrèrent dans le monde : Marguerite, qui épousa J.-F.-Régis Gervaix, propriétaire du vaste domaine de Chomier, paroisse de Lantriac, et Jean-Claude, l'aîné des garçons, qui, marié aux Garniers avec Joséphine Garnier du lieu de Connac, paroisse de Lissac, a perpétué la famille Garnier.

Des autres quatre garçons, deux, Jean-Pierre et Jean entrèrent à la Trappe d'Aiguebelle (Drôme), où ils sont morts, l'un après vingt-cinq ans de profession, l'autre, à 22 ans, avant d'avoir achevé son noviciat ; deux autres, François et Jean-Baptiste entrèrent au monastère de la Grande-Chartreuse (Isère), où ils sont morts tous deux après plus de cinquante ans de vie religieuse. François, en religion, Dom Louis Garnier devait devenir le plus célèbre, par le fait de l'invention de la liqueur dite de la Grande-Chartreuse.

Il n'hésitait pas à attribuer aux mérites de sa tante martyre le bienfait de sa vocation et de celle de ses frères et sœur, car nous devons ajouter que la seconde fille Marie entra à la Visitation de Brioude, où elle est morte pleine de mérites, après 62 ans de vie religieuse, 20 janvier 1893.

## IV. — La Révolution et les prêtres de Beaune

Lorsqu'éclata la révolution et la persécution religieuse qui s'en suivit, la paroisse de Beaune avait à sa tête deux prêtres de grande foi, de vertu éprouvée et la communauté des sœurs dont faisait partie notre future martyre avait pour Supérieur Marcelline Bourg, du village d'Argentière.

Grâce au zèle des deux prêtres et à l'édification donnée par l'excellente communauté, où régnait le meilleur esprit de famille, la paroisse de Beaune était l'une des meilleures et des plus religieuses du canton de Craponne.

Elle faisait alors partie de la province d'Auvergne. Son église paroissiale (diocèse du Puy et archiprêtré de Saint-Paulien) était dédiée à Saint-Julien de Brioude. Le curé avait nom Jean *Chalaye*. Il était né à Saint-Bonnet-le-Froid en 1740 et était curé de Beaune depuis 1782. Il devait échapper à la guillotine révolutionnaire et mourut à Beaune, plein de mérites le 5 sept. 1811, à l'âge de 70 ans.

Son pieux vicaire se nommait François *Mourier*. Il était né à la Frache, paroisse de Saint-Julien-Molhesabate en 1763 et était ainsi le compatriote de son curé qui l'avait demandé et obtenu pour son vicaire en 1791.

La révolution arrive... Invités par la municipalité du lieu à prêter serment à la Constitution civile, M. Chalaye et son vicaire montèrent en chaire, le dimanche 6 février 1791 et prononcèrent, l'un après l'autre, la formule prescrite, mais en ayant bien soin d'excepter formellement tout ce qui avait trait à l'autorité spirituelle de l'Eglise et tout ce qui pouvait porter atteinte à la foi catholique.

Les municipaux semblèrent d'abord se contenter d'un

tel serment, mais bientôt les deux prêtres furent dénoncés comme ayant mis des restrictions à leur serment et furent de ce chef condamnés à l'exil. C'était le 14 sept. 1792. En réalité, quoique munis de passeports pour s'en aller à l'Etranger, les deux prêtres restèrent dans la paroisse. Plusieurs familles se firent un devoir et un honneur de leur offrir un asile sûr et une hospitalité généreuse. On savait toujours où les trouver pour les malades.

## V. — La Communauté et la Révolution

La révolution qui emportait tout ne devait pas épargner la communauté des Sœurs. Privées, du moins en partie, de la pratique de la Religion, par la retraite des deux prêtres, les sœurs de Saint-Joseph, dont Marie-Anne Garnier, en religion Sœur *Saint-Julien*, essayèrent néanmoins de faire face à l'orage et de continuer la vie commune.

Pour sauver leurs biens et leur couvent, elles déclarèrent, par le ministère de M. Favier, notaire à Craponne, leur association dissoute et se partagèrent tous les biens de la communauté.

Usant d'une sorte d'autorisation du Président du Département, elles purent vivre ainsi un certain temps, mais bientôt le gouvernement révolutionnaire trouva qu'elles troublaient le repos public par leur fanatisme. Il confisqua tous leurs biens et leur ordonna de se disperser.

Parmi ces saintes filles, quelques-unes n'ayant pas de famille se cachèrent chez des amis dévoués qui, par reconnaissance pour leurs services, ne craignirent pas de se compromettre en leur donnant asile. D'autres plus fortunées se réfugièrent dans leur famille, qui, chez un père ou une mère, qui, chez un frère ou une sœur.

Marie-Anne Garnier fut de ce nombre. Elle se retira aux Garniers, chez ses parents, rejoignant ainsi sa jeune sœur Marguerite ex-novice. Devant les menaces de la Révolution qui bouleversait tout, cette dernière s'était décidée à surseoir à l'exécution de son pieux projet, attendant, pour cela, des jours meilleurs. Ce ne fut qu'après le rétablissement de la paix religieuse qu'elle vint reprendre son noviciat interrompu contre son gré. Nous la retrouvons vers 1819, dans sa chère communauté de Beaune, sous le nom de Sœur Madeleine, entourée de l'estime et de la vénération de ses compagnes, qui, en souvenir de sa sœur martyre, l'élurent pour Supérieure en 1821. Elle remplit ces fonctions jusqu'à sa mort, en 1839.

## VI. — Sœur Saint Julien aux Garniers

On devine sans peine ce qu'était la vie de Sœur Saint-Julien, dans sa famille. Entourée de l'affection d'un père et d'une mère tendrement aimée, vivant dans la compagnie de ses frères et sœur aussi pieux qu'elle, il semble qu'elle pouvait se tenir tranquille, en attendant des jours meilleurs, mais il manquait à cette âme fervente l'aliment spirituel qu'elle avait accoutumé. Ce n'est que rarement et de loin en loin qu'elle pouvait satisfaire sa dévotion en assistant de ci de là, à la sainte messe et en faisant la sainte communion. Pour avoir ce bonheur plus souvent, elle ne craignait pas de faire le voyage de Beaune, où elle savait pouvoir retrouver l'abbé Mourier ou son curé qui étaient toujours dans la paroisse, visitant les malades, administrant les moribonds, célébrant même la messe secrètement, tantôt dans une famille, tantôt dans une autre, pour dépister la police.

Pendant un certain temps, ce fut de la part de Sœur Saint-Julien un va et vient continuels de Lissac à Beaune, et de Beaune à Lissac. La tradition dans la famille Garnier veut même que l'abbé Mourier, pour satisfaire la dévotion de toute cette chrétienne famille, soit venu plusieurs fois aux Garniers, où il était accueilli avec le plus religieux empressement. Il encourageait les parents et les enfants, les communiait et s'en retournait à Beaune content d'avoir pu satisfaire la dévotion de ses amis.

## VII. — Première arrestation de l'abbé Mourier

Jeune, actif, résolu, l'abbé Mourier ne craignait rien, ne reculait devant aucun danger. Malheureusement, les patriotes mettaient autant de zèle à le traquer que lui-même à pourvoir aux besoins religieux des pieux fidèles de la paroisse. — Un jour, qu'il avait été appelé auprès d'un malade, au Soleyrol, paroisse de Saint-Georges-l'Agricol, il fut suivi, dépisté et dénoncé. La garde nationale de la localité se met aussitôt en mouvement, arrive au Soleyrol, cerne la maison et déclare l'abbé Mourier de bonne prise. On le conduit à Craponne. Les formalités prescrites accomplies, le prisonnier et ses guides prennent la route du Puy. L'abbé Mourier est obligé de dépenser dans les cabarets les quelques sous qu'il possède encore. Grâce à cette libéralité, il peut arriver jusqu'à la chapelle Sainte-Anne, près du Collet, sans être attaché. Mais on est sur le point d'arriver au Puy ; si l'autorité supérieure était informée de la condescendance de la garde vis-à-vis du prisonnier, qu'arriverait-il ?

## VIII. — Evasion de l'abbé Mourier.
## Sa visite aux Garniers

L'abbé Mourier va donc reprendre ses fers, mais au moment où l'on s'arrête pour lui repasser au cou la chaîne qui se reliera ensuite à ses mains, il ouvre les bras avec force, applique un vigoureux coup de poing au gardien qui se trouvait près de lui et se sauve, à toutes jambes, dans les ravins qui aboutissent à la Borne. Plusieurs coups de fusils sont tirés contre lui, aucun ne l'atteint. On le perd bientôt de vue et il peut se mettre en sûreté dans le bois de la Bernarde, d'où, la nuit venue, il se rend au Puy. Une famille amie, la famille Truchet, lui donne l'hospitalité jusqu'au lendemain, et lui prodigue tous les soins que réclamait son état.

Bien reposé, il reprend le chemin de Beaune. Sa première étape, sur la route, est dans la maison des Garniers. On l'y retint pendant trois jours. Sœur Saint-Julien et sa sœur, la jeune novice dont nous avons parlé, l'entourent de sollicitudes et l'engagent à rester caché dans la maison quelques jours encore, mais on ne saurait le retenir. Il part donc, traverse Allègre en habit de serge grise, le jour du marché et de là se rend au Poyet, dans la famille Prohet.

Il est dans sa paroisse ; il est heureux. S'il a quelque regret au cœur, c'est d'avoir manqué et fui le Paradis. « J'en étais si près, ajoute-t-il ». Il reprend ses courses et ses visites auprès des malades, ne néglige pas même les paroisses voisines, s'use à cette vie de dévouement, de privations et d'angoisses.

## IX. — Deuxième arrestation

Après un an de cette vie, il tombe malade et vient s'aliter à Bruac, dans la famille Best, une de ces familles chrétiennes, comme on en trouvait encore dans notre Velay. C'était le jeudi, 12 juin 1794, que l'abbé Mourier était accueilli dans la maison Best. Sœur Saint-Julien apprend la maladie de l'abbé. De suite, elle quitte sa chère famille pour venir s'asseoir au chevet du malade et lui prodiguer tous ses soins. Mais la fatigue du prêtre va grandissant, si bien qu'on s'alarme autour de lui ; il partage lui-même les craintes de ceux qui l'entourent et demande qu'on appelle son curé, M. Chalaye, qui est toujours caché au village du Poyet. Informé de l'état et du désir de son vicaire, celui-ci ne se fait point attendre et vient administrer le cher malade, mais à peine a-t-il rempli les fonctions de son saint ministère que l'on vient en toute hâte annoncer l'arrivée de la garde nationale de Craponne, alertée par un triste patriote du village du Meyris, paroisse de Saint-André-de-Chalencon. Bientôt les patriotes trop bien renseignés, foncent de tous côtés sur la maison Best ; ils l'investissent, toutes les avenues sont soigneusement gardées. Aussitôt M. Chalaye met en lieu sûr le Saint-Sacrement et entre dans la cachette qui lui avait été préparée, pendant que l'on porte M. Mourier dans une autre.

Sœur Saint-Julien ne se fait pas illusion sur le sort qui l'attend elle aussi, si elle est découverte. Dès lors que, pour le moment, elle ne peut rendre au malade les soins accoutumés, elle se décide elle aussi à se cacher. Etant parvenue à se dissimuler dans la foule, elle court se réfugier dans les bois des environs.

Toutes ces précautions venaient à peine d'être prises que déjà les gardes nationaux pénétraient dans l'intérieur de la maison Best. Ils cherchent dans la cuisine, dans les chambres ; ils bouleversent tous les meubles, ils montent aux greniers, vont dans la grange, tournent et retournent le fourrage, peu abondant à cette saison, y plongent leurs sabres, les baïonnettes de leurs fusils ; peine perdue, ils ne découvrent rien. Ils interrogent toutes les personnes présentes ; mauvais traitements, intimidations, promesses, ne produisent aucun effet.

Dans leur précipitation à exécuter les ordres reçus, les patriotes se seraient-ils trompés ? N'auraient-ils pas compris et retenu le nom de la famille ?

Ils vont chez les voisins ; vaines recherches. Enfin après avoir vomi mille imprécations contre le mal avisé dénonciateur, si mal informé, pensent-ils, ils se décident à se retirer ; l'ordre du départ pour Craponne est donné, la troupe se remet en route.

Les membres de la famille Best et tous leurs amis ont poussé un soupir de soulagement ; ils sont tous sauvés.

... Hélas ! un patriote plus rusé que tous les autres est resté caché dans la grange. — Blotti dans son réduit étroit, M. Mourier n'entendant plus rien, croit que tout le monde est parti ; la douleur qu'il a comprimée jusque-là devient plus forte, elle l'étreint et lui arrache un cri d'angoisse, une plainte. Il n'en fallait pas tant au misérable espion, il court après ses camarades, les arrête et leur ordonne de rebrousser chemin. « Il y est, dit-il, j'en suis sûr, je l'ai entendu, et plutôt que de renoncer à le découvrir, nous mettrons le feu à la maison ». Et tous de revenir ivres de joie.

Rentrés dans la maison, pour s'éviter de nouvelles recherches, ces forcenés s'adressent à un enfant de onze ans, Claude Best, qui était dans son lit, soi-disant malade. « Dis-nous donc où est le calotin ; nous savons qu'il est ici, ton père nous l'a dit ». — « Je n'en sais rien, moi ; si mon père vous l'a dit, demandez-le lui encore ». — « Il faut que tu nous le dises ».

Et en même temps ils lui placent la tête sur le bord du lit, lui mettant le sabre sur le cou, en lui disant : « Nous allons te couper la tête, si tu ne parles pas ». — « Je n'en sais rien », telle est la réponse que l'enfant mêle à ses larmes.

L'héroïque enfant ! il le savait si bien qu'il avait fallu changer son lit pour mettre l'abbé Chalaye dans sa cachette. — Bon gré, mal gré, il fallut donc recommencer les recherches dans la maison ; toutefois à peu près fixés sur l'endroit d'où était parti le cri de douleur, les patriotes enfoncent leurs sabres dans les joints du plancher et atteignent ainsi l'abbé Mourier à l'épaule. Se sentant blessé, le prêtre se déclare. La cachette est ouverte et on retire le blessé avec brutalité, pour le charger aussitôt de chaînes.

Mais ce n'était pas assez d'une victime. La loi du 22 germinal englobait, avec l'ecclésiastique poursuivi et découvert, tous les receleurs. La famille Best toute entière était donc complice et, avec elle, tous ceux qui se trouvaient présents dans la maison. On se saisit donc des époux Best, de leur fille aînée, d'une tante, de Joseph Prohet, qui, la veille, avait accompagné, à Bruac, M. Chalaye et de quatre autres célibataires. Seule, Sœur Saint-Julien ne fut pas découverte, ce jour-là.

## X. – Départ des prisonniers pour Craponne et Le Puy

Les troupes révolutionnaires ne s'attendaient pas à une pareille capture ; les chaînes firent défaut pour garotter ces criminels dangereux ; on y pourvoit au moyen des lanières du joug des vaches.

Mais il manquerait quelque chose à la fête si nos patriotes ne profitaient de l'occasion pour faire ripaille aux dépens de leurs victimes. Quand ils sont bien repus, ils mettent le mobilier sous séquestre, font acheminer le bétail vers Craponne et quittent la maison Best en y laissant trois orphelins de 7, 9 et 11 ans. La loi ! toujours la loi !

Une foule compacte se presse sur le passage des prisonniers, à leur entrée à Craponne. Les uns éprouvent une compassion bien légitime et donnent des preuves manifestes de leur sympathie, les autres, et c'est le petit nombre, leur jettent à la face les injures les plus ignobles.

Les captifs passèrent la nuit dans les prisons de Craponne. Le lendemain, on se met en route pour le Puy. Cinq brigades escortent le convoi, avec ordre formel de tirer sur l'abbé Mourier, au moindre indice d'une évasion ou d'un mouvement pour le délivrer.

Soldats et prisonniers passèrent par Chomelix, Saint-Just, Saint-Paulien et Polignac. A chacune de ces localités, les gendarmes et les gardes nationaux s'arrêtaient pour boire dans les cabarets, abandonnant la charrette à la garde de la milice du lieu qui ne manquait pas de payer à ceux qu'elle traînait au Puy, son tribut d'injures.

Enfin on arrive au chef-lieu. Les captifs y sont reçus par les chants de la *Marseillaise* et du *Ça ira*, et menés directement sur la place du Martouret. — « A demain, leur crie un municipal du balcon de l'hôtel de ville ». En attendant l'abbé Mourier et ses compagnons étaient conduits, à travers les rues montueuses de la haute ville, jusqu'à la maison de justice où on les écrouait, 16 juin ou 28 prairial 1794.

## XI. – Arrestation de sœur Saint Julien. Le lendemain des autres

Qu'était devenue, pendant ce temps, Sœur Saint-Julien ? Nous l'avons vue, tout à l'heure, à l'arrivée des patriotes, quitter la maison Best et disparaître, au moment des perquisitions pour essayer de se cacher dans les bois d'alentour.

Mais de sa cachette, rien ne lui échappe de ce qui se passe dans le village. Bientôt, aux cris de joie de la bande révolutionnaire, elle comprend que le prêtre traqué a été découvert et arrêté. Epouvantée, affolée de ce qu'elle a entendu, de ce qu'elle a deviné, elle gagne la lisière du bois, du côté de Chomelix. Là, pendant qu'elle est assise au bord d'un sentier, au milieu des genêts, un habitant de Chomelix vient à passer. Il aperçoit la Sœur, la reconnaît et pour cause ; Sœur Saint-Julien avait pris, pendant longtemps, un soin tout spécial d'une de ses petites filles. — « C'est vous, ma Sœur, lui dit-il, que faites-vous là ? — « Je me cache, répond-elle, ne dites rien, ne me faites pas (1) prendre ». — « Soyez tranquille, attendez-moi là, je viendrai vous chercher tout à l'heure ». Et le malheureux s'en va à Chomelix avertir le piquet qui venait d'accompagner le convoi des prisonniers et qui battait la campagne en revenant. Ces hommes viennent, se saisissent de la religieuse, la conduisent à Chomelix et de là au Puy où elle arrive ainsi un jour après les autres prisonniers, ainsi qu'en témoigne l'acte d'écrou que nous donnons plus loin. Elle fut ainsi privée de la consolation de voyager avec ceux dont elle allait partager le sort. Elle ne les rejoignit qu'en prison le matin du 17 juin 1794, au moment où ceux-ci comparaissaient devant leurs juges. Elle fut jugée en même temps qu'eux (1).

## XII. - Le Jugement. La condamnation

Comme religieuse insoumise, elle devait être condamnée à la réclusion ; mais lorsque dans son interrogatoire on lui demande si elle n'a pas donné asile à M. Mourier ou si, du moins, elle ne lui a pas prêté ses soins, sa réponse est résolument affirmative, et elle ne songe pas à employer le moindre détour, la plus petite restriction mentale.

---

(1) Ce n'est donc pas spontanément que Sœur Saint-Julien s'est offerte aux gardes nationaux, contrairement à ce qui est raconté dans la *Semaine Religieuse* du Puy (28 juillet 1882.

(1) Le tribunal était composé de J.-Jacques Chevalier, président ; Léon Bec, François-André et J.-Antoine Charreyre, juges de tour et assesseurs ; Boudinhon, accusateur public ; Joussérand, greffier.

Sur ses réponses si franches, elle fut, elle aussi, condamnée à mort et subit sa peine, en même temps que les autres, dans la soirée du 29 prairial (17 juin 1794).

« En écrivant ce récit, dit le narrateur, un regret nous étreint, celui de n'avoir pas, à notre disposition, une de ces plumes éloquentes qui savent tracer et fixer dans des pages définitives le récit de toutes ces scènes.

## XIII. — L'éxécution

« Quels tableaux à peindre ! Quelles scènes à décrire !

« Les interrogatoires, la lecture de la sentence, les préparatifs dans la prison pour aller à la mort, le refus énergique du ministère des prêtres intrus, la toilette des condamnés, ce lugubre défilé de (1) sept victimes, entre deux haies de canonniers et de gardes nationaux, tambours en tête, la foule (2) qui se presse sur le parcours du cortège, de la prison à l'échafaud, sur cette place du Martouret, où la guillotine reste dressée en permanence, ces deux prêtres récitant pieusement le *Miserere*, enfin les victimes gravissant les degrés de l'échafaud, s'étendant l'une après l'autre sur la planche fatale et le couperet qui se relève sept fois pour retomber sept fois, sans que le bourreau prenne même le temps de sécher le sang dont il dégoutte, ce sang qui se répand et coule autour de la guillotine.

Jeanne-Marie Best mourut la première ; la Sœur Saint-Julien, Marie-Anne Garnier après : Marie Best, la troisième, Marie-Anne Roche, la quatrième, Barthélemy Best après son épouse, ensuite M. Mourier, et enfin M. Abeillon qui se voyant le dernier, abandonne le *Miserere*, pour commencer le chant du triomphe, le *Te Deum* ; il récite le dernier verset et il meurt en disant : *In te Domine speravi, non confondar in æternum.*

Quel moment ! et quelle émotion rien que d'y penser !

Ecoutons ici le poète.

------

(1) Aux 6 martyrs de Beaune, on avait adjoint l'abbé Abeillon, prieur d'*Arlempdes*.

(2) Le matin du jour de l'exécution, la femme Ranchet d'Ours-Mons, propre sœur, nous l'avons dit, de Marie-Anne Garnier, se trouvait au Puy pour ses emplettes, ignorant tout de l'arrestation de sa sœur, car on allait si vite en besogne. Une amie, au courant de tout et qui avait rencontré Mme Ranchet imagina, pour la faire remonter de suite à Ours, de lui faire croire qu'un accident venait d'arriver chez elle. De la sorte, une mortelle émotion lui fut épargnée. Ce n'est que le lendemain qu'elle apprit le sort de sa sœur.

Il est, lorsque des cieux nous oublions la voie,
Des jours que Dieu sans doute, nous envoie,
Pour nous rappeler les Enfers ;
Jours sanglants qui voués au triomphe du crime,
Comme d'affreux rayons échappés de l'abîme,
Apparaissent sur l'Univers.

Victor HUGO.

Trois jours après, la maison Best fut incendiée par ordre du tribunal révolutionnaire. Les meubles et immeubles des martyrs furent vendus aux enchères publiques, au profit de la nation.

Les enfants Best chassés par l'incendie et jetés dans la rue s'élevèrent péniblement. Leurs descendants ont rebâti la maison et racheté le bien de leur aïeul.

Comme ils devraient être fiers de leur nom et jaloux de lui conserver son auréole !

Nous en disons autant, de ceux, si nombreux aujourd'hui, qui peuvent revendiquer leur heureuse parenté avec Sœur Saint-Julien, dans le monde, Marie-Anne Garnier.

Nous ajoutons ici les extraits, de l'acte d'écrou, de l'interrogatoire et de l'exécution de Marie-Anne Garnier.

*Acte d'écrou.* — « Le 29 Prairial, an II de la République une et indivisible ou la mort (17 juin 1794), le citoyen Bl...., capitaine de la garde nationale de la commune de Chomelix, a conduit dans la maison de justice du tribunal criminel du département de la Haute-Loire, Marie-Anne Garnier, ci-devant sœur de Saint-Joseph de Beaune, que nous avons écrouée, en vertu du procès-verbal de la commune de Chomelix, en date du jour d'hier et à la requête du citoyen Boudinhon, accusateur public du tribunal criminel, de laquelle nous nous sommes chargé sous notre responsabilité. Et a le citoyen Bl.... signé avec nous.

BL.... CHABRIER.

### *Interrogatoire de Marie-Anne Garnier*

D. — Quels sont tes noms, âge, qualité, demeure ?
R. — Marie-Anne Garnier, ci-devant sœur Saint-Julien, âgée de 38 ans, née aux Garniers, commune de Lissac.
D. — Depuis quel temps étais-tu dans la maison Best ?
R. — Depuis deux jours, lorsque le nommé Mourier, prêtre réfractaire y a été arrêté et je m'y rendis parce qu'on m'avait fait savoir qu'il était malade.
D. — Qui t'avait dit que le dit Mourier devait se rendre chez Barthélemy Best ?
R. — C'est lui-même.

D. — Qui a servi et soigné le dit Mourier dans la maison
      Best ?

R. — C'est moi-même qui l'ai servi et soigné et je n'ai
      pas d'autre déclaration à faire.

D. — Quels sont tes moyens de subsistance ?

R. — Je n'en ai aucun que le fruit de mon travail.

D. — Savais-tu que le dit Mourier ne s'était pas con-
      formé aux lois et était prêtre réfractaire ?

R. — Oui, je le savais.

D. — Sais-tu et veux-tu signer ?

R. — Je ne veux pas signer.

*Procès-verbal de l'exécution de Marie-Anne Garnier*

En vertu du jugement rendu par le tribunal criminel,
ce jourd'hui, la dite Garnier a été guillotinée et mise à
mort, ce 29 Prairial, an II de la République une et indivisible ou la mort (17 juin 1794).

Ajoutons que les autres personnes qui avaient été
arrêtées dans la maison Best furent acquittées par le tribunal, donc relâchées.

———

En terminant, qu'il nous soit permis de faire des vœux
pour la prochaine Béatification de sœur Saint-Julien et de
ses 6 héroïques compagnons. — Ils sont morts pour la foi.
— Or, dit saint Augustin, ce n'est pas le supplice, mais la
cause du supplice qui fait le martyre.

# La Grande Chartreuse

## & saint Bruno, fondateur de l'Ordre des Chartreux.

### Un aperçu sur le Monastère et ses environs.

### Genre de vie des Chartreux.

Avant de mettre sous les yeux de nos chers lecteurs, le récit de la vie de leur oncle Dom Louis Garnier, religieux Chartreux, il ne sera pas sans intérêt de dire un mot sur l'origine de l'Ordre et du Monastère, de donner un aperçu sur la Grande Chartreuse et ses environs et enfin de faire connaître en quelques mots le genre de vie des Chartreux.

## I. — Fondation de l'ordre des Chartreux

C'est au mois de juin 1084 que Saint Bruno vint prendre possession du désert de la Grande Chartreuse, situé dans les hautes montagnes du Dauphiné, à quelques lieues de Grenoble.

Né à Cologne, Bruno avait étudié à Reims, où il se distingua par sa science et sa vertu, ce qui lui valut bientôt le titre de chancelier et de chanoine de l'illustre cathédrale. Il était déjà question de lui pour l'archevêché de Reims, lorsque dans toute la force de l'âge, professeur distingué, chéri de ses élèves, comblé d'honneurs, entouré de l'estime universelle, au grand étonnement de tous, il disparaît de la scène du monde.

Un vœu qu'il avait fait, depuis quelques années, la crainte des terribles jugements de Dieu, un vif désir de la solitude, un immense besoin d'être seul avec Dieu seul, tels sont les motifs qui portèrent Bruno à tout quitter pour s'ensevelir au fond d'un désert et de quel désert !

Bruno donc voulant fuir le monde, guida ses pas vers les montagnes du Dauphiné ; il était suivi de six compagnons ou amis. Ils marchaient un peu à l'aventure, mais Dieu les conduisait et sut bien leur faire connaître sa volonté. Au moment où Bruno entrait dans Grenoble, saint Hugues, évêque de la ville, eut un songe : il voyait sept étoiles tomber à ses pieds, se relever ensuite, traverser des montagnes diverses pour s'arrêter enfin dans ce lieu sauvage appelé Chartreuse. Hugues remarqua alors que les Anges, sur l'ordre de Dieu, bâtissaient une demeure dans cette solitude et sur le toit de l'édifice lui apparurent de nouveau les sept étoiles mystérieuses. L'évêque, une fois réveillé, se demandait avec anxiété quelle pouvait être la signification de ce songe, lorsque, soudain il voit entrer nos sept voyageurs qui tombent à ses pieds, en lui exposant le but de leur voyage. — Je sais, dit aussitôt le pieux évêque, avec bonheur, je sais l'endroit qu'il vous faudra choisir : Dieu vient de me l'apprendre, il me l'a indiqué lui-même et je vous y installerai en son nom.

Peu de jours après cette première entrevue, Bruno et ses disciples, guidés par saint Hugues, se mirent en route, en proie à une vive émotion, au moment de commencer une vie si extraordinaire. Ils voyageaient depuis un bon moment dans les forêts du désert, lorsque soudain saint Hugues s'arrêtant : « C'est ici, leur dit-il, la place que m'a montrée le Seigneur, ici se sont arrêtées les sept étoiles que je vis en songe ; ces étoiles, c'est vous, maître Bruno et vos six compagnons ; demeurez donc ici ». Bruno accepte avec le plus profond respect l'offre du vénérable évêque. Le ciel approuvait son dessein, que pouvait-il désirer de plus ? Il avait trouvé cette paix de l'âme que rien n'égalera jamais et que jamais le monde ne pourra procurer.

Le plan du monastère provisoire ne demanda point de longues discussions ; sur le sommet du rocher qui se trouvait là, on bâtirait une petite chapelle et l'on éléverait, en attendant de faire mieux, quelques cabanes de planches entre des énormes quartiers de roc que l'on voit encore : les solitaires ne demandaient rien autre chose, Hugues salua ses nouveaux amis et après leur avoir souhaité de tout cœur mille bénédictions, reprit le chemin de la ville. L'ordre des Chartreux venait de naître.

Immédiatement on se mit à l'œuvre ; le petit oratoire que l'on plaça près de la cellule du saint, fut bâti si solidement que des pans de ces antiques murailles subsistent encore ; quant aux cellules primitives elles ressemblaient aux chalets que l'on voit aujourd'hui dans les Alpes, constructions simples, solides, composées de fortes pièces de bois assemblées et revêtues de planches épaisses.

Les religieux vinrent bientôt habiter ces demeures provisoires et se livrèrent à la contemplation au milieu du silence le plus profond, cachés et comme perdus dans une impénétrable solitude.

## II. — Aperçu sur le Monastère et ses environs

Ce n'est que bien plus tard et après avoir vu plusieurs fois leur monastère primitif détruit par les avalanches de neige et des incendies répétés, que les Chartreux, à force de travail et d'économie, purent construire peu à peu le vaste monastère qui devait prendre le nom de Grande-Chartreuse, parce que dans ses murs résidait le Général, c'est-à-dire le Supérieur Général de toutes les maisons de l'ordre, qui se fondèrent un peu partout, non seulement en France, mais dans plusieurs contrées de l'Europe.

Pour ce motif et aussi à cause de son site sauvage et désertique, ce monastère devint bientôt célèbre et fut comme un centre d'attraction où affluèrent, pendant la belle saison, de nombreux touristes venus de toutes les parties du monde.

Rien de plus curieux, en effet, ni de plus pittoresque que la route qui y conduit le voyageur descendu du train à la gare de Saint-Laurent-du-Pont, qui est comme la clé du désert.

Nous n'essaierons pas de décrire les beautés de cette admirable route ; nos descriptions, même en les supposant parfaites, ne diraient rien à ceux qui connaissent déjà ces merveilles et ne pourraient rien apprendre à ceux qui n'auront jamais l'occasion et le plaisir de les voir. Néanmoins pour tâcher de faire entrevoir ces beautés, nous transcrirons ici quelques lignes du célèbre Ducis, qui en 1785, venait de visiter la Grande-Chartreuse.

« On monte, dit-il, le long d'une rivière, ou plutôt d'un
« torrent, un chemin serré entre deux murailles de ro-
« chers, tantôt secs et nus, tantôt couverts de grands
« arbres. On entend, pendant deux lieues, le bruit du
« torrent qui s'indique au milieu des débris de roches
« contre lesquels il se brise sans cesse. C'est une écume
« jaillissante qui s'engloutit dans des profondeurs de deux
« cents pieds, où l'œil le suit avec une terreur curieuse,
« pour se reporter ensuite vers des roches sauvages,
« hautes, perpendiculaires et couronnées à leur pointe de
« petits ifs qui semblent être dans le ciel. Ce chemin
« étroit, ces hauteurs, ces ténèbres religieuses, ces cas-
« cades admirables qui tombent en bondissant pour grossir
« les eaux et la fureur du torrent, tout cela conduit
« comme naturellement, à la solitude terrible où saint
« Bruno vint s'établir » (1).

J'avance : deux grands monts sur moi courbés en voûte,
De leurs fronts sourcilleux intimident ma route.
Tous deux, fiers, imposants, semblent du haut des airs,
Interdire aux humains l'abord de ces déserts.
L'aquilon bat leurs flancs : et leurs bases profondes,
Voisines des enfers, se cachent dans les ondes.
Je franchis tout pensif ce paysage effrayant,
Et dans l'ombre des bois je m'enfonce à pas lents.
Quelle beauté sauvage et quelle horreur pompeuse !
Que la nature est là grande et majestueuse !
L'épaisseur des forêts, la profondeur des eaux,
Les immenses vallons, la terreur, le silence,
Tout, dans ces vastes lieux, parle à l'homme qui pense.

_______________

(1) Le Père Mandar a décrit, en beaux vers, cette entrée si grandiose du désert.

Le voyageur, tout entier à l'admiration de cet étrange et riche paysage, arrive profondément ému en face du vaste monastère qui tout de suite le frappe par ses vastes proportions, le nombre de ses bâtiments et de ses clochers. Il est bâti au pied du *Grand-Son*, qui s'élève à pic à mille mètres au-dessus du couvent. C'est en vain qu'on veut regarder autour de soi et scruter les environs ; on ne voit rien que le ciel. *O beata solitudo*, se prend-on à répéter avec saint Bruno, ô heureuse solitude.

Qui dira dès lors l'impression du voyageur lorsque jadis, à minuit, le son de la cloche éveillant les échos de la grande forêt, invitait les religieux à se rendre à l'office de Matines ; seule, parfois, la grande voix du vent se mêlait aux graves accents de la liturgie Cartusienne. Que la terre alors était loin !

Aujourd'hui le monastère est vide. Le gouvernement persécuteur de Combes et Cie s'en est emparé et le laisse tomber en ruines. Les pieux religieux chassés de France se sont réfugiés en Italie, non loin de Pise, à *Farnetta*, diocèse de Lucques, dans une immense propriété qu'ils ont achetée et où ils ont construit un nouveau monastère. C'est là que le Père Général et sa communauté se sont installés en septembre 1904, et cette maison est maintenant la maison Généralice, le centre de l'ordre, jusqu'au moment où il plaira à la divine Providence de ramener chez eux les pieux exilés.

Quant à la distillerie et à la fabrication de la célèbre liqueur, elle a été transférée en Espagne, à *Tarragone*. Le commerce en est toujours aussi important, mais la bouteille ne porte plus la marque primitive : *Dom Louis Garnier*, le gouvernement s'en étant emparé.

## III. — Genre de vie des Chartreux

En attendant leur retour en France, les Chartreux continuent sur la terre d'exil leur vie de prière et de pénitence, qu'ils offrent pour le salut de la France.

Cette vie, nous allons maintenant la faire connaître et en faire admirer la beauté.

Un détail qu'il importe de noter, c'est que la liturgie joue un grand rôle dans la vie des moines ; les fêtes, les principales périodes de l'année ecclésiastique viennent modifier une vie qui semblerait au premier abord essentiellement uniforme et monotone.

La journée du Chartreux commence à prime, vers les six heures du matin, pour finir après Complies, six heures du soir. — De prime à texte, c'est-à-dire de 6 heures à 10 heures, le temps est pris par les exercices spirituels : office, messe basse, méditation, lecture spirituelle, et à 9 heures, messe chantée ou messe conventuelle.

De sexte à vêpres, c'est-à-dire de 10 heures à 2 h. 1/2, excepté le temps consacré à réciter l'office de none et à prendre le modeste repas, le religieux peut s'occuper de quelque travail, ou manuel ou intellectuel, seul dans sa cellule.

A 3 h. 1/4, c'est le chant des vêpres à la chapelle. Comme très souvent elles sont suivies de l'office des morts, on ne sort de la chapelle que vers 4 h. 1/2. — Rentrés en cellules, les religieux prennent leur souper, à moins que ce soit jour de jeûne, et le reste du temps est employé aux exercices de piété et à la récitation de Complies.

Une fois les Complies récitées, le Chartreux se couche vers les 6 heures du soir, jusqu'au premier coup de l'office de nuit, vers les 10 heures. — A 10 heures, le religieux se lève, et le temps qui s'écoule depuis le lever jusqu'au second coup de l'office est d'une heure environ, c'est ce qu'on appelle les *Veilles*. Elles sont employées à réciter en cellule les Matines et les Laudes de la Sainte Vierge, suivies de prières spéciales pour la délivrance de la terre sainte. Le temps qui reste après cela est consacré à l'oraison mentale. — Au second coup de cloche, vers les onze heures et demie, les religieux se rendent au chœur pour chanter l'office de nuit. Il dure longtemps, deux à trois heures. Mais tous les Chartreux sont unanimes à dire que c'est bien leur meilleur moment à chanter les louanges de Dieu, au pied de l'autel, dans le silence et les ombres de la nuit, alors que le monde oublie Dieu et que beaucoup l'offensent, procure à l'âme une joie intime, qu'on ne saurait acheter trop cher, et les heures s'écoulent rapidement.

Les Pères rentrent en cellule généralement vers deux heures du matin ; ils doivent réciter prime de l'office de la Sainte Vierge, et se coucher sans retard, car on sonne, le lever à six heures du matin, au plus tard.

Le Chartreux, on le voit, mène une vie essentiellement solitaire, puisqu'il ne sort que trois fois par jour, de sa cellule : pendant la nuit, pour l'office, le matin pour la grand'messe, et le soir, pour vêpres ; tout le reste du temps il est seul, et ses occupations sont de trois sortes : exercices de piété, étude et travail manuel dans sa cellule.

Cette vie solitaire n'est point cependant une vie d'isolement complet, comme celle de l'Ermite. Les statuts ont établi certains rapports entre les religieux, pour leur permettre de jouir des grands avantages et des petites épreuves de la vie commune. Le dimanche, ils prennent le repas, non plus en cellule, mais au réfectoire. On dîne toutefois en silence, en écoutant la lecture faite par un religieux. Le dimanche encore, ainsi que certains jours de fête, la règle concède un colloque d'une demi-heure. Enfin, une fois par semaine, les religieux sortent en promenade, et prennent ce qu'ils appellent le *spaciment*, qui dure près de trois heures.

Malgré ces sages adoucissements demandés par la vie

de solitude, nous n'étonnerons personne en disant que la règle des Chartreux est austère. Outre cette brusque interruption du sommeil au moment où l'on est le plus profondément endormi, il y a encore les jeûnes et surtout l'abstinence perpétuelle de la viande. — Le grand jeûne monastique commence le 14 septembre, et sans interruption continue jusqu'à Pâques, excepté les dimanches, mais encore seulement en dehors de l'Avent et du Carême. Les religieux ne font alors qu'un seul repas ; le soir, cependant, il est permis, à qui en a besoin, de prendre avec un peu de vin, un morceau de pain, 3 à 4 onces.

Ici un petit détail intéressant. Pendant le séjour des Papes à Avignon, le Prieur de Paris fut pressé par l'un d'eux de demander la permission, pour son Ordre, de faire gras en cas de maladie. — Les Chartreux alarmés à cette nouvelle, envoyèrent une députation pour supplier le Souverain Pontife de ne rien changer à l'ancienne discipline. Les députés étaient au nombre de vingt-sept ; le plus jeune avait 88 ans ; les autres 90, 93 et même 95 ans. Convaincu par cette preuve expérimentale que la Règle des Chartreux n'abrégeait point la vie, le Pape acquiesça à leurs désirs. — Une règle austère ne détruit point la santé. — Les victimes des plaisirs du monde sont mille fois plus nombreuses, à proportion, que celles de la pénitence.

Vue de la Grande Chartreuse

# NOTICE BIOGRAPHIQUE

## SUR LE

# V. P. Dom Louis GARNIER

*par un Père Chartreux*

---

Il est doux de parler des hommes de Dieu ; leur vie est remplie de traits édifiants, et leur personne inspire toujours la sympathie. Quand on fait leur éloge, on n'a point à redouter l'exagération, et quand on examine leurs actes, on peut sans crainte en rechercher les motifs les plus secrets. Ils sont bons et humbles comme leur Divin Modèle, et les beautés intimes de leur âme sont d'un ordre si élevé, qu'il faut renoncer à les montrer dans tout leur éclat, parce que le langage humain ne peut les exprimer qu'imparfaitement. On les comparerait justement à des plantes vigoureuses, dont la sève riche et féconde, trouve dans les éléments qui leur viennent du sol, et dans ceux que leur fournissent l'air et la lumière, des propriétés et une splendeur que la science ne saurait expliquer.

Le modeste religieux dont nous voulons esquisser ici seulement quelques traits , pour le faire revivre devant ceux qui l'ont connu et l'offrir en exemple à ceux qui n'ont pas eu cette bonne fortune, a été un de ces hommes. Quand il vint en Chartreuse, il portait dans son âme les germes des deux vertus dont sa vie entière n'a été que le développement : une simplicité pleine de bonté et une régularité parfaite ; et il parvint à s'y établir si solidement, que ceux qui le voyaient à l'œuvre ne pouvaient se lasser d'admirer comment il les conservait intactes au milieu de la plus étonnante activité, et dans une multiplicité d'occupations qui aurait suffi pour remplir la vie de plusieurs hommes ordinaires.

Ce religieux s'appelait dans le monde : Jean-François Garnier ; il reçut dans le cloître le nom de Dom Louis.

I. — DOM LOUIS naquit le 8 novembre 1804, au hameau des Garniers, commune de Lissac, dans la Haute-Loire. Ses parents, propriétaires aisés et surtout fervents chrétiens, imprimèrent si bien dans le cœur de leurs sept enfants. la crainte et l'amour de Dieu, que presque tous ont embrassé la vie religieuse. Une de leurs filles, qui vit encore (1), prit le voile dans un couvent de Visitandines, et de leurs cinq garçons, deux embrassèrent la règle de *Saint Bruno*, et deux autres sont morts à la *Trappe d'Aiguebelle* ; l'un : Jean-Pierre, en religion Frère Stanislas (1834-60), après 25 ans de profession ; l'autre, Jean, à l'âge de 22 ans, avant d'avoir achevé son noviciat, emportant au Ciel la blanche tunique qu'il avait reçue le jour de son baptême. Mais Jean-François a été le plus privilégié de tous, puisqu'il a eu l'honneur d'être élevé au sacerdoce et de porter l'habit monastique pendant les deux tiers de sa vie.

Dès ses premières années, il donna les marques d'une profonde piété et eut un grand attrait pour la prière, la solitude et le silence. Ne pouvant se rendre à l'église paroissiale aussi souvent qu'il l'aurait désiré, il s'était bâti avec quelques planches, dans un coin retiré de la maison paternelle, un petit oratoire où il avait placé un Crucifix, une image de la Sainte Vierge et une petite statue de Saint Joseph, et c'est là qu'il aimait à se renfermer quand il en avait le loisir.

Il est facile de comprendre par ces commencements, que la vie du monde souriait peu à une âme si largement ouverte du côté du ciel ; aussi nul ne fut étonné, quand, tout jeune encore, Jean-François demanda à ses parents la permission d'entrer dans l'état ecclésiastique. Sa pieuse mère en fut au comble de la joie et à l'âge de 14 ans, il partit pour le petit séminaire du Puy, qu'on appelle encore aujourd'hui, la *Chartreuse*, parce qu'avant la Révolution Française, c'était un des monastères des enfants de Saint *Bruno*. Il s'y fit bientôt remarquer par son intelligence, son angélique modestie et une grande simplicité.

Il était aimé de ses condisciples, auxquels il donnait en tout le bon exemple ; et, chaque année, quand s'ouvraient les vacances, c'était grande fête à *Lissac*, parce qu'il revenait toujours à la maison paternelle, avec des brassées de prix et un cœur plus ardent au service de Dieu, et plus affectueux pour tous les membres de sa famille.

Une des plus pures joies qu'il goûta à la Chartreuse du *Puy*, fut de pouvoir s'entretenir familièrement avec les pauvres, en leur remettant les aumônes que ses supérieurs l'avaient chargé de leur distribuer, car il était aussi charitable et bon, que simple et pieux. Son séjour au Grand Séminaire ne fit que développer les belles qualités de son âme. Là aussi, il eut la consolation d'avoir le soin des pauvres, et on vit s'épanouir de plus en plus en lui, ces sentiments de dévouement et de tendre affection pour les pauvres déshérités de la fortune, qui ont formé un

---

(1) Sœur Marguerite-Marie, morte à la Visitation de Brioude (20 janvier 1893). (Voir à la fin de celle-ci, sa notice biographique).

des traits les plus saillants de sa vie. Du reste Notre Révérend Père Dom Charles-Marie, qui fit son éloge, le jour même de son enterrement, a parfaitement défini cette nature d'élite en lui appliquant ce texte des Proverbes : « *Adolescens juxta viam suam etiam com senuerit, non recedet ab ea* ». L'homme conservera dans sa vieillesse, les habitudes de sa jeunesse.

II. — Cependant l'air agité du monde et même l'air plus calme du sanctuaire ecclésiastique, convenait peu à l'abbé Garnier, et il demandait instamment à Dieu de faire vivre son âme dans une atmosphère plus pure et plus calme. Ce fut, sans doute, dans un de ces moments de pieux épanchements que le nom du Petit-Séminaire où il avait commencé ses études ecclésiastiques, lui revint en mémoire ; ce nom de Chartreuse, fut pour lui, comme un trait de lumière. L'ordre sacré fondé par Saint Bruno, qui a pour but essentiel de chanter jour et nuit, les louanges de Dieu, et de se mettre au sein de la solitude dans un commerce intime avec l'adorable Personne de Notre-Seigneur Jésus-Christ, n'était-il pas l'idéal que cherchait instinctivement sa belle âme ? Il prit donc des informations et quand il sut que les Chartreux rentrés à la Grande-Chartreuse depuis plusieurs années, s'apprêtaient à relever peu à peu de leurs ruines leurs anciens monastères, il prit devant Dieu, la résolution de passer sa vie, au milieu d'eux, dans la pratique de leur Sainte Règle.

Il y a dans le cœur de Dieu des trésors de bonté et d'amour, qui ne demandent qu'à s'épancher dans l'âme des hommes généreux et simples, qui se donnent entièrement à lui. L'abbé Garnier l'avait depuis longtemps compris, et la vie religieuse lui apparaissait ici-bas, comme la plus pure de toutes les gloires et le plus doux de tous les plaisirs. Pour servir plus assidûment et plus humblement le Père que nous avons tous dans les Cieux, il eut donc le courage d'abondanner son père et sa mère selon la chair, et de venir se renfermer pour toute sa vie, dans une pauvre cellule de Chartreux. Il aurait même voulu quitter sa famille sans l'avertir de son départ, de peur que son pieux dessein n'y rencontrât quelque opposition ; mais il avait le cœur sensible et ses parents avaient toujours été bons pour lui ; il lui parut trop cruel de ne pas embrasser sa mère, avant de s'éloigner d'elle pour toujours, et de partir sans la bénédiction de son père. Il leur annonça donc au dernier moment sa récolution d'entrer dans le cloître, au lieu de retourner au Grand Séminaire. Cette nouvelle inattendue qui venait sans doute détruire bien des projets d'avenir, leur fut d'abord très sensible et ils essayèrent de le retenir, mais il sut tellement les convaincre et les attendrir par la peinture qu'il leur fit des beautés et grandeurs de la vie monastique, qu'ils lui accordèrent leur consentement. Ils finirent même après quelques tentatives, pour l'engager à rentrer à la maison paternelle, par être heureux et fiers d'une vocation qui tout en brisant leur affection naturelle, consolait leur solide piété.

*Jean-François Garnier* avait 23 ans, quand il vint, le 5 mai de l'année 1827, sous le *Rd Père dom Nizzati*, frapper à la porte de la Grande-Chartreuse. Le monastère sortait à peine de ses ruines, et n'était occupé, sauf *dom Jean-Baptiste, dom Martin-de-Viriville,* et quelques autres religieux, que par des vieillards échappés à la tourmente révolutionnaire. Le jeune postulant fut accueilli avec joie, et après une épreuve de six semaines, fut admis à prendre l'habit monacal, le 23 juin, il reçut le même jour le nom de *dom Louis.*

Il se mit alors généreusement à l'œuvre et devint bientôt un modèle pour tous ses confrères ; sa simplicité lui conciliait toutes les sympathies et sa régularité édifiait tout le monde. Son année de Noviciat s'écoula paisiblement sans aucun retour sur lui-même, et dans un désir de jour en jour plus ardent d'être tout à Dieu. Il avait trouvé le sol propre au développement de son âme et ne demandait qu'à y rester, pour y produire des fruits et y mourir.

III. — DOM LOUIS prononça ses vœux solennels le 2 juillet 1828, jour de la Visitation, après un an de noviciat, selon l'ancien usage de l'ordre, et fut immédiatement employé à la sacristie. Son humilité aurait voulu le tenir écarté de toutes les charges, et le garder ignoré dans le silence et les doux entretiens de la cellule ; mais puisqu'il devait remplir quelque office, celui de sacristain était de nature à lui plaire plus que tous les autres. Le sacristain est le chambellan intime du Roi de nos tabernacles, le courtisan le plus assidu de cette cour où regnent la miséricorde et l'amour, le représentant officiel de la communauté, auprès de l'Hostie Sainte. C'est lui qui garde les clefs de l'église et la décore aux jours de fête. Ces diverses fonctions que dom Louis remplissait avec un zèle plein de dévotion, étaient pour son cœur une source de pures et douces émotions. Aussi préféra-t-il toujours cette charge, qu'il a exercée plusieurs fois, à celle de Procureur, dans laquelle cependant l'obéissance l'a tenu pendant la plus grande partie de sa vie religieuse.

Mais si l'office de Sacristain, convenait à *dom Louis,* on peut dire que lui-même, outre son éminente piété, avait pour le remplir, deux qualités essentielles : l'exactitude et l'amour de l'ordre. Jamais il ne faisait attendre la communauté ; il prévoyait avec soin, ce qu'exigeaient les cérémonies du culte, et tenait l'église dans une admirable propreté. Il aimait à s'occuper des moindres détails, s'y appliquait minutieusement, et si quelquefois on aperçut en lui quelques signes de mécontentement, c'est parce qu'on avait apporté quelque désordre dans la régularité, qu'il avait partout établie.

IV. — Après quelques années passées dans l'office de sacristain, *dom Louis* fut nommé procureur de la Grande-

Chartreuse. Cet emploi, au commencement surtout, fut un lourd fardeau pour ses épaules. « L'obédience de Procureur, dit le Révérend Père Dom *Charles-Marie*, dans son panégyrique, était alors un peu au-dessus de ses forces ; il soupirait après le moment où il pourrait la céder à quelqu'autre qui aurait pu s'en acquitter avec plus de facilité ; et dès qu'il voyait professer quelque jeune prêtre, qu'il supposait pouvoir être procureur, il ne manquait pas de le demander pour son remplaçant ». Mais Dieu ne juge pas comme les hommes, et nous allons voir comment il lui plût de se servir de ce religieux simple et modeste, pour procurer à l'ordre renaissant, des ressources suffisantes, non seulement pour sa prompte restauration, mais encore pour d'innombrables aumônes.

En 1816, lorsque l'Etat concédait aux Chartreux le droit d'habiter le monastère, qu'ils avaient eux-mêmes bâti sur leur propre terrain, et ne leur accordait pour réparer les dégâts de l'orage révolutionnaire qu'une faible allocation de 15 mille francs, ces religieux étaient pauvres, et ils ne savaient par quels moyens Dieu viendrait à leur aide. Ils commencèrent à vendre quelques flacons d'élixir, qu'un frère donné, appelé Frère *Charles*, allait chaque semaine offrir aux pharmaciens et aux épiciers de Grenoble et de Voiron. Le produit de cette vente qui s'élevait à 8 mille francs environ par an, augmenté de quelques honoraires de messes, que l'Evêché de Grenoble avait la charité de donner aux religieux, était la ressource à peu près unique du monastère. Quand la liqueur blanche fut inventée ,le frère *Charles* en emportait quelques échantillons pour la faire goûter aux personnes de sa connaissance, mais il en vendait fort peu. Un jour cependant, quelqu'un qui avait pris goût au nouveau produit, pria le frère de lui en apporter huit litres à son prochain voyage. Jamais aucune commande de cette importance ne lui ayant été faite, et comme il savit d'ailleurs que la liqueur ne coulait de l'alambic que goutte à goutte, il balança avant de l'accepter, car il ne croyait pas possible d'avoir les huit litres en huit jours. Cependant, confiant dans la Providence et dans le zèle du Père Procureur, il promit les huit litres et on les obtint.

V. — Comme c'est la liqueur fabriquée à la Grande-Chartreuse, qui a fait connaître le nom de dom *Louis Garnier* dans le monde entier, il ne sera pas hors de propos, dans une notice biographique consacrée à ce Vénérable Père, d'entrer dans quelques détails sur son invention. Mais auparavant, disons un mot de l'élixir et de la liqueur verte, dont, bien longtemps avant dom *Louis*, notre Ordre possédait le secret.

Jusqu'après la Révolution de 1789, ces deux produits qui portaient le nom de *Liqueur de santé* et d'*Elixir végétal*, étaient fabriqués en très petite quantité, et n'étaient point, par conséquent, l'objet d'un commerce important. On en distribuait quelques flacons autour du monastère, et leur réputation ne s'étendait guère plus loin. Ce ne fut qu'après la Révolution, lorsque nos Pères revinrent de l'exil, pauvres et dépouillés de tous leurs biens-fonds, qu'ils commencèrent, comme nous l'avons dit tout à l'heure, à chercher quelques ressources dans la fabrication de l'élixir.

Les choses en étaient là, et dom *Louis* venait d'être nommé Procureur en 1835, un an après sa Profession. De suite, en sa nouvelle charge, le jeune procureur conçut l'idée de composer une liqueur de table. De concert avec un frère convers employé à la fabrication de l'Elixir, il se mit à l'œuvre et parvint après beaucoup de tâtonnements et de nombreux essais, à faire composer la liqueur blanche qu'on appela d'abord *Mélisse*, du nom de la plante qui y entre pour la plus grande partie. Un premier pas était ainsi fait.

Plus tard, en 1840, on fit de nouveaux mélanges et on obtint une seconde liqueur, supérieure à la première, qui fut appelée *Liqueur jaune*, pour la distinguer de la *Mélisse*, qui prit désormais le nom de *liqueur blanche*.

Qu'il faut peu de choses à la Providence pour produire de grands effets ! C'est au moyen du jus de quelques plantes, réchauffé dans l'alcool et adouci par un peu de sucre, qu'elle fait affluer à notre monastère des sommes considérables, qui prises, sur le superflu des personnes aisées, s'en vont, non seulement en France, mais dans les pays les plus lointains, soutenir les œuvres de charité et soulager des milliers d'infortunes. C'est Elle aussi, qui a su ménager une circonstance extraordinaire pour donner une grande vogue à la liqueur et lui faire franchir le cercle étroit où se limitait sa réputation. Cette circonstance se présenta de la façon la plus inattendue en 1848. Dieu voulut sans doute que la Révolution de Février contribuât à rendre aux Chartreux, sous une autre forme, ce que la Révolution de 1789 leur avait enlevé.

Par crainte de complications que les idées révolutionnaires auraient pu faire naître en Italie et d'où pouvait résulter un danger pour notre pays, le Gouvernement français avait cantonné une armée dans le département de l'Isère ; il y avait des garnisons dans les petites villes, qui avoisinent la Grande-Chartreuse. Les officiers et les soldats de ces garnisons montaient au couvent pour charmer leurs loisirs. Quand ils eurent goûté la liqueur qu'on y fabriquait, ils la trouvèrent si délicieuse, qu'ils promirent au Vénérable Père Procureur, qui, du reste, les avait fort gracieusement accueillis, de la faire connaître partout où ils iraient. C'est ainsi que la Providence envoya à dom *Louis*, d'excellents commis-voyageurs, qui sans honoraires, recommandèrent ses produits par toute la France. Ils ne manquaient point, en se présentant dans un café, de demander un petit verre de *Chartreuse*, et quand il n'y en avait pas, ils exigeaient qu'on en fit venir.

Vers la même époque, en 1849, et un peu plus tard, en

1852 ou 1853, le choléra s'étant violemment déclaré sur plusieurs points de la France, les médecins employèrent très efficacement contre cette terrible maladie, l'élixir végétal. Ce remède dont la Grande-Chartreuse a seule le secret, ne tarda pas aussi à faire connaître la liqueur et à étendre sa réputation. C'est ainsi que bientôt la *Chartreuse* devint la liqueur à la mode, et que les commandes arrivèrent de tous côtés au Vénérable Père dom *Louis*. Depuis lors, la fabrication et l'écoulement de cette liqueur ont pris une immense extension.

VI. — La charge de Procureur mettait dom *Louis* en rapport avec des gens de conditions les plus diverses ; tous étaient édifiés de son accueil bienveillant et de sa gravité modeste et tout à fait religieuse. Les grands du monde qui venaient au monastère, demandaient toujours à voir le Père *Garnier*. L'humble religieux accordait facilement audience, toutes les fois que les convenances l'exigeaient, mais quand il lui semblait possible d'éviter ce genre de visite, il s'empressait de le faire. Quant aux pauvres, ils étaient toujours sûrs de trouver auprès de lui consolation et secours. Sa porte, sa bourse et son cœur leur étaient largement ouverts, à tous les instants. Presque tous les jours on en voyait plusieurs qui attendaient devant sa cellule. Ils se regardaient comme le dernier serviteur de tous ceux qui avaient besoin de lui. Si c'étaient des pauvres honteux, il leur faisait porter des secours par des personnes sûres. En 1853 et 1854, la misère fut grande dans le pays et l'on manquait de semences. Dom *Louis* fit remplir un grenier de blé, d'avoine, d'orge et de seigle pour donner à ceux qui n'avaient pas de quoi semer, se réservant seulement la paille dont on avait besoin ici. Il fit aussi distribuer du sel, de la farine, du pain, et pendant 14 mois il nourrit trente familles des environs. Souvent quand les pauvres avaient reçu une aumône du RévérendPère, s'ils ne la trouvaient pas assez considérable, ils allaient chez le Père Procureur pour la faire augmenter. Celui-ci se rendait presque toujours chez le Révérend Père pour plaire à ses protégés, et cela arrivait si fréquemment que ce dernier disait : « Dom *Louis* est toujours ici et je ne puis pas le fairesortir avant qu'il ne tienne ce qu'il est venu chercher ».

Enfin quoiqu'il ne fît pas autant d'aumônes que les premiers supérieurs, personne ne le surpassait en bonne volonté et en industries charitables, pour soulager les malheureux. Aussi, excepté le temps du silence et des offices, il était continuellement entouré de monde et même quand il sortait du couvent pour aller en voyage, les enfants, les vieillards, les pauvres, se pressaient sur ses pas pour le voir, le remercier et le plus souvent pour lui demander un conseil ou une aumône ; et il leur disait ou leur donnait toujours quelque chose qui pouvait leur faire plaisir. C'était le vrai père des pauvres et des malheureux.

« Sa charité pour les pauvres, a dit le Révérend Père dom *Charles*, est passée en proverbe. Mais ce n'était pas seulement envers les pauvres que se montrait sa charité. Dom *Louis* était un ange de paix, tant par sa douceur et sa gracieuse affabilité, que par sa grande confiance en Dieu, qu'il savait inspirer aux autres en toutes occasions. On était à l'aise, en sa compagnie. ». « On n'avait, dit le Révérend Père Dom *Charles*, qu'à gagner à le fréquenter. La bouche chez lui, parlait de l'abondance du cœur, et comme le cœur était rempli d'une véritable charité, il ne pouvait en sortir que de bonnes choses . Il savait trouver mille détours adroits, pour le bien spirituel du prochain. On n'a jamais vu que quelqu'un soit venu chez lui, avec des peines d'esprit et de cœur, ou des besoins corporels, et s'en soit retourné sans être soulagé.

Nous n'avons pas l'intention, dans cette courte notice de parler des rapports de dom *Louis*, avec ses confrères, parce qu'il nous faudrait répéter ici ce que tout le monde sait des charmes que les hommes de Dieu répandent toujours autour d'eux. Qu'il nous suffise donc de dire, qu'outre l'extrême facilité qu'il leur montrait dans les relations officielles qu'il avait avec eux, sa tendre affection et le plaisir qu'il goûtait dans leur compagnie, le portaient, malgré la multiplicité et l'urgence de ses occupations, à ne jamais manquer, sans une raison grave, les récréations du dimanche et des trois jours qui suivent les trois grandes fêtes solennelles.

VII. — Son affection pour les domestiques de la maison et surtout pour les Frères, était pleine de sollicitude et de tendresse et ceux-ci, à leur tour, lui étaient profondément attachés et recherchaient avidement sa compagnie. S'il était obligé de gronder, il le faisait sans brusquerie et comme un père. Quand la réprimande avait quelque gravité, il ne perdait pas de vue celui qui en avait été l'objet ; et, s'il y avait lieu, il calmait et faisait disparaître de son cœur tout ressentiment, en l'abordant avant la fin de la journée et en lui offrant, selon sa condition, une image, un chapelet, un livre, un vêtement ou toute autre chose qui pouvait lui être agréable, de sorte qu'on était plus confus d'avoir commis une faute, à cause des attentions du bon Père, qu'à cause de la réprimande. On dit même, qu'une fois il alla humblement demander pardon à un serviteur de la maison, pour l'avoir, croyait-il, contristé sans un motif suffisant. Un jeune Frère étant tombé malade à la vacherie de Chartreusette, on le ramena au monastère ; Dom *Louis* le visitait souvent et lui donnait des soins si charitables que celui-ci disait : « J'ai retrouvé ma mère ». Ce qui lui était particulièrement pénible, de la part des domestiques et des Frères, c'étaient les manquements à la pauvreté, et s'il lui est arrivé quelquefois d'entrer dans une sainte colère, c'est là, ce qui en était la cause. Il ne pouvait souffrir qu'on laissât rien perdre. Descendait-il à la cuisine, en entrant, il regardait d'abord sous la table où l'on coupe le pain, et s'il trouvait par terre quelque petit morceau, il se fâchait, disant que c'était très mal de gaspiller le pain que le bon Dieu nous donne et que tant de pauvres gens ont bien de la peine à gagner : « Ma mère, ajoutait-il, n'aurait pas agi ainsi ».

VIII. — Il avait une prédilection toute particulière pour les tranquilles animaux, qui fournissent aux religieux, le lait, le beurre et le fromage. Disons-le simplement, dom *Louis* aimait les vaches, et il faisait de grands sacrifices de temps et d'argent pour avoir les meilleures et les plus belles de la contrée. Il allait les visiter souvent, c'étaient ses *spaciements* les plus chers, et quand il arrivait, les Frères et les domestiques lui faisaient fête, car il était très gai avec eux et il avait toujours de belles histoires à leur raconter pour les édifier, et les encourager. Les vaches aussi, le connaissaient bien ; c'est lui qui leur donnait leurs noms, et qui a établi le pieux usage, qui subsiste encore aujourd'hui, de les bénir solennellement le jour de Saint-Antoine, en récitant quelquees prières sur elles, avec l'étole. Son esprit de foi le portait même jusqu'à leur attacher au front une petite médaille de Saint-Antoine, qu'il leur faisait porter pendant quelques jours.

Les jours où il allait aux vacheries, aussitôt qu'il avait dépassé la porte du monastère, s'il était avec un Frère, il disait : « Quel mystère, commençons-nous », et ils se mettaient à réciter le Rosaire. Quand il était seul, il faisait de même. Et ce n'était pas toujours par le plus beau temps, qu'il faisait ces courses. Un jour même, il se trouva pris dans la neige, e t il y serait probablement resté, si l'on n'était pas venu à son secours. Il portait toujours avec lui un flacon d'eau bénite, et quand il arrivait, son premier soin était d'en distribuer aux frères et aux domestiques, gardiens du troupeau, d'en asperger les étables et les bêtes elles-mêmes. Il regardait ensuite, si tout était en ordre, visitait chacune des vaches en particulier, les appelait par leur nom, les caressait de ses mains, leur donnait quelquefois à manger lui-même. Quelquefois aussi, pour former son monde à la patience, il se plaisait à les faire changer de place, et si le Frère, de qui nous tenons ce détail, se plaignait un peu, le pieux Procureur répondait en souriant : « Laissez, laissez, mon cher Frère, voyez comme la varité des couleurs, produit un bel effet !.... Il en sera de même dans le ciel : Comme les saints n'ont pas tous le même mérite, il y aura une agréable variété de couronnes, qui nous réjouiront par leurs mille nuances ».

Il arriva qu'une maladie grave envahit les étables, menaçant de les dépeupler. Le bon Père en fut désolé. Persuadé que ses péchés étaient la cause de ce fléau, il mit le plus grand zèle à essayer d'apaiser par ses prières et ses soins, la colère de Dieu. Se croyant indigne de le faire lui-même, il faisait administrer les remèdes aux animaux malades, par les mains innocentes d'un tout petit enfant, pendant qu'il tenait lui-même les mâchoires écartées. On voit par là, jusqu'où allaient sa simplicité et son esprit de foi.

IX. — Tout ce que nous avons dit jusqu'à présent, n'est que l'extérieur de la vie de dom *Louis Garnier*. C'est l'écorce, c'est le feuillage, ce sont quelques fruits de l'arbre, mais ces fruits naissaient d'une sève féconde qui coulait abondamment dans toutes les parties de son tronc vigoureux. Dom Louis avait non seulement les vertus qui doivent se rencontrer dans tous les religieux, mais il avait de plus, celles qui conviennent particulièrement à un Chartreux.

Tous les ordres religieux tendent à la perfection évangélique, c'est leur raison d'être. Les fils de Saint François, de Saint Dominique, de Saint Ignace, et en général les ordres actifs, se sanctifient dans l'exercice des œuvres apostoliques ; ce sont les avocats de Dieu auprès des hommes ; ils entraînent au Ciel, les foules après eux. Le Bénédictin mérite les faveurs divines en répandant sur les siècles écoulés des flots de lumière qui font resplendir et aimer l'adorable Figure du Sauveur. Le Trappiste prend sur lui les péchés du monde et court à la perfection en les expiant, dans les sueurs du travail, et dans les larmes de la pénitence et de l'humiliation. Mais l'enfant de Saint Bruno, prend un autre chemin : il laisse doucement séduire son âme aux amabilités infinies de Jésus et cherche la perfection dans les saintes industries qu'inspire l'amour divin pour plaire au divin Maître de son cœur ; c'est un ami tendre qui se plaît à converser dans la solitude et le silence ; c'est une voix qui chante jour et nuit les louanges de son Bien-Aimé ; c'est un avocat qui plaide à tout instant auprès de Dieu la cause de l'homme ; c'est un savant d'un genre particulier et sublime, qui étudie les secrets affectueux du Cœur de Jésus et qui les voyant se dérouler devant son âme attendrie, ne cesse de répéter : « O Bonitas ! »

C'est ainsi que dom *Louis* comprenait le Chartreux. Il était avant tout, un homme intérieur, et voilà pourquoi pendant les vingt-huit ou trente ans qu'il occupa l'emploi si dissipant de Procureur, il sut toujours garder le recueillement, malgré ses grandes occupations et unir la vie contemplative à la vie active. Rien ne pouvait le distraire de la présence de Dieu. « Il fut toujours, dit encore notre Révérend Père dom *Charles*, un homme de prière. Que de fois, ne l'a-t-on pas vu, revenant de voyage, prendre à peine le temps de rentrer en cellule, assister au chœur, chanter sans s'épargner et rester jusqu'à la fin de l'office de nuit, bien que ses fonctions l'autorisassent à quitter l'église à *Laudes*. Le matin, quand il avait dit sa messe, il en entendait encore deux autres, toutes les fois qu'il le pouvait, la messe conventuelle et celle de Beata. On a peine à comprendre comment il pouvait faire tout cela, car son obédience n'en souffrait nullement.

Il disait la messe avec beaucoup de gravité et de dignité, tout pénétré de la sainteté des sacrés mystères. Il avait une grande dévotion envers Saint Joseph, et ne terminait aucun exercice sans invoquer son nom. Il édifiait les Frères, surtout par sa ferveur et son exactitude. On croit qu'il lui arrivait assez souvent de ne pas se coucher après *Matines* ; en tout cas, il était toujours sur pieds à 4 heures 1/2 en été et à 5 heures en hiver, et pour ne pas déranger à cette heure matinale, les Pères qui habitaient sous lui, il avait l'attention charitable de ne se chausser que lorsqu'il était dehors.

X. — Nous avons déjà dit un mot de la manière dont il observait la pauvreté. Il lui était donc permis de montrer quelque exigence sur ce point, car il pratiquait lui-même cette vertu à un haut degré de perfection. Quand il y avait des fruits gâtés que n'osait pas servir le frère Dépensier, il les prenait pour lui et renvoyait son dessert, sans y avoir touché. Il aimait à manger les restes de pain, les plats de rebut les aliments les plus grossiers et les plus pauvrement préparés. Il voulait toujours être vêtu comme un pauvre, et notre Frère tailleur, qui ne pouvait jamais lui faire accepter de vêtements neufs, devait employer toute son industrie pour trouver le moyen de raccommoder ceux qu'il portait habituellement. Cet amour de la pauvreté était accompagné, comme il arrive ordinairement chez les hommes de Dieu, d'un grand esprit de mortification. Non seulement il observait la règle aussi exactement que possible, faisant presque toujours les abstinences au pain et à l'eau ; mais il trouvait mille moyens d'en augmenter la rigueur. Bien souvent il laissait refroidir son modeste dîner, pous assister un malheureux, donner un bon conseil ou écouter une confidence, et il n'était pas rare que le surcroît de ses occupations l'obligeât à dîner plus tard que la communauté. Il prenait ordinairement ses repas debout. Ce n'est que vers la fin de sa vie qu'il se mit à boire un peu de vin ; jusque-là il s'était contenté de résidu fortement trempé. Quant à cette bonne liqueur, qui se fabriquait en si grande quantité, sous sa surveillance et avec son concours, il en faisait à peine usage. Un jour, un jeune religieux l'ayant aidé à quelque besogne : « Venez, lui dit-il, que je vous régale », et il lui présente un verre. Puis, tirant de l'armoire, une bouteille poudreuse, il lui verse un reste de liqueur blanche trempée, qui à l'œil, ressemblait assez à de l'eau, et le goût n'en différait guère. L'histoire ne dit pas si le religieux le remercia bien fort, mais je le crois, car ce que donnait dom *Louis*, il le donnait de tout son cœur. Il ne mangeait en cellule que du pain des Frères, quand il n'avait pas le loisir d'aller à la cuisine, ramasser quelques restes. Il voulait aussi qu'on ne changeât jamais rien à l'ordinaire des repas, mais qu'on suivît religieusement la règle et l'usage ; il disait, par exemple, que les religieux étant des pauvres et des pénitents, ne devaient pas avoir des desserts recherchés.

Il avait passé sans feu tout un hiver, durant lequel il allait de temps en temps faire dégeler son encrier à la cuisine. L'année suivante, le Révérend Père dom *Jean-Baptiste*, qui, lui-même ne faisait pas de feu, lui enjoignit d'en faire. Nous croyons pieusement qu'il en agit ainsi, car il était très obéissant en toutes choses, mais ce fut de telle façon que pendant 23 ou 24 ans, un Frère qui allait assez souvent chez lui, n'y a jamais vu de feu. Un jour cependant, par un hiver très rude, on vit le poële allumé ; c'était pour la méditation qu'il faisait aux Frères, après leur avoir dit la Sainte Messe. En entrant, chacun remarqua qu'il y avait du feu, et il semblait que cela réchauffait. Mais à mesure que la méditation continuait, tout le monde grelotait malgré soi. C'était singulier avec un poële allumé, dans une chambre assez petite. A la fin, quelqu'un leva le couvercle du poële, et le mystère fut découvert : dom *Louis* y avait mis sa lampe.

XI. — Dom *Louis Garnier*, connu surtout par son office de Procureur, fut dans un chapitre général, honoré des fonctions d'Electeur et de Définiteur. On essaya pendant quelque temps de lui faire exercer à la Grande Chartreuse, l'office de Vicaire ; mais son humilité avait une telle répugnance pour le ministère de la confession, qu'au bout de six mois, on fut obligé de le décharger de ce fardeau. D'ailleurs, malgré la force de sa constitution, il commençait à être fatigué. L'étonnante activité qu'il avait dépensée depuis le jour de sa profession, l'avait épuisé ; sa vue était fort affaiblie, et dans ses dernières années, tout travail considérable, lui était devenu impossible. Il rentra donc au cloître à la cellule N., 18 mois avant sa mort. Cependant, comme ses forces allaient toujours en diminuant, on voulut essayer si un changement d'air lui ferait du bien, et on l'envoya à la Chartreuse de Portes, mais on fut obligé de le rappeler à la Grande Charteuse quelques mois après, et il revint plus faible que jamais et presque aveugle. Pendant qu'il était à Portes, il donna une grande preuve de son détachement et de sa pauvreté. Ayant appris qu'on voulait faire venir un médecin pour lui et que la visite du docteur coûterait vingt francs, il dit ces paroles : « Je ne vaux pas vingt francs ; j'irai à la Correrie, et l'on me soignera pour rien, et les 20 francs seront pour les pauvres ».

A son retour de Portes, il logea à la cellule N. N., donnant à tous, autant que le permettaient ses infirmités, un bel exemple d'exactitude et de régularité, accompagné d'une profonde humilité et piété. Mais le terme de son séjour ici-bas approchait. Il dit pour la dernière fois, la messe de communauté, la nuit de Noël 1875 ; et quelques jours après, il lui devint impossible de célébrer même en particulier. Cependant il continua d'entendre la messe jusque dans les premiers jours de janvier, où il fut obligé de s'aliter, à la suite d'un refroidissement, auquel il n'avait pas pris garde ; et la maladie fit tout-à-coup de si rapides progrès, qu'il succomba quatre ou cinq jours après.

Les derniers jours qu'il passa sur la terre ne furent qu'une prière continuelle. Il aimait surtout à répéter ces tendres invocations : « Jésus, Marie, Joseph, assistez-moi dans ma dernière agonie ! *Sancta Maria, Mater Dei, ora pro nobis nunc, nunc... nunc. et in hora mortis !* » Ces paroles bénies, lui venaient aux lèvres, surtout dans ces moments d'angoisse où l'esprit de ténèbres s'efforce de troubler les derniers moments des hommes de Dieu. Cet ennemi de tout bien se servait de l'humilité profonde du fervent religieux et de l'idée qu'il avait de la pureté et de la grandeur de Dieu pour réveiller en lui des craintes, qu'on dut, plus d'une fois, chercher à calmer. Mais on peut croire que Dieu lui-même se chargea de le consoler et lui manifesta peut-être quelque chose de la gloire des saints, car lorsque le moment suprême fut arrivé, le Frère *Jean-Pierre*, son propre frère, qui ne le quittait pas, crut apercevoir sur son visage un reflet de joie extraordinaire, mêlé d'étonnement, et l'entendit s'écrier : « Oh !... Oh !... » comme s'il avait dit : « Oh ! que c'est beau, ce que je vois !... » Après cela, il entra jusqu'à son dernier souffle dans une contemplation douce et recuei'lie, et quand le V. P. Dom *Pierre-Marie*, lui eut appliqué l'indulgence de la bonne mort, il rendit paisiblement sa belle âme à Dieu. Les religieux qui vinrent jeter de l'eau bénite sur son corps, disaient à son frère : « Consolez-vous, mon cher Frère, bientôt, si ce n'est déjà, nous aurons au ciel, un protecteur de plus ». C'était le 10 janvier de l'année 1876, à midi.

XII. — Cet humble religieux, qui, durant sa vie, fuyait tout ce qui pouvait lui attirer de la considération, fut grandement honoré après sa mort. Il y eut à ses funérailles, une assistance nombreuse, qui l'eût été bien davantage, si sa maladie avait été connue plus tôt, en dehors du monastère, et la nouvelle de sa mort rapidement propagée. Beaucoup de pauvres gens, pleuraient cette mort, comme on pleure celle d'un père bien-aimé, et tout le monde se sentait bien plus porté à se recommander à lui, qu'à prier pour le repos de son âme. Ce fut notre Révérend Père Dom *Anselme-Marie*, alors Prieur de Valbonne, venu à la Grande-Chartreuse pour quelques affaires, qui présida la cérémonie de l'enterrement parce que le Révérend Père Dom *Charles* en était empêché par ses infirmités. Cependant Dom *Charles*, tenant à faire 'e panégyrique du défunt, se transporta avec beaucoup de peine au Chapître, et là il fit un très bel éloge, parfaitement mérité de l'humilité, de la douceur, de la piété et de la simplicité du saint religieux que Dieu venait d'appeler à Lui. — « Conservons, disait le Révérend Père, en finissant, Mes V. V. Pères et C. C. Frères, le souvenir de cé que nous venons de voir, et vivons de manière à mériter que notre mort soit du nombre de celles dont il est écrit : « *Pretiosa in conspectu Dei mors sanctorum ejus....* » La mort des saints est précieuse devant Dieu ». « Ainsi soit-il ! »

# DÉCÈS DU V. P. DOM LOUIS GARNIER

## *Religieux de la Grande Chartreuse*

(Copié dans la *Semaine Religieuse* du Diocèse de Grenoble)

Le 10 janvier 1876, à midi et demi, s'est endormi dans la paix du Seigneur, le Vénérable Père Dom *Louis Garnier,* le doyen d'âge des Pères de la Grande-Chartreuse. En 1827, lorsque, déjà depuis dix ans, les religieux qui avaient survécu à la grande Révolution, s'étaient rassemblés dans leur demeure presque en ruines, pour y préparer la résurrection de l'ordre, ce jeune Père, âgé de 23 ans, se présenta, comme Novice. Il fut, avec le Révérend P. Dom *Henri-Baptiste* et le Vénérable Dom *Martin de Viriville*, le premier rejeton de ce grand arbre que la tourmente révolutionnaire semblait avoir abattu pour toujours, mais dont les rameaux devaient plus tard couvrir de nouveau, de leur ombre bienfaisante, l'Eglise entière. Dieu seul connaît les privations et les sacrifices que coûta cette œuvre de restauration. Pour leur venir en aide dans le rétablissement du couvent et préparer pour un avenir lointain, de nouvelles communautés, des églises, des presbytères, des maisons d'école et une infinité d'autres bonnes œuvres, la Providence inspira à Dom *Louis*, secondé du Frère *Bruno*, la composition de liqueurs, qui constituent maintenant le patrimoine des religieux et de tous les pauvres.... Chargé d'un si vaste travail, comme Procureur, le bon Père sut toujours unir la vie de Marie à celle de Marthe et ne négligea aucunément les devoirs du saint religieux. Grâce à sa forte constitution et à l'énergie de sa vertu, après les journées les plus pénibles, il ne se priva jamais d'assister à Matines et aux autres offices. Il savait cacher en Dieu le trésor de ses vertus. Il fut comme le divin Maître, doux et humble de cœur, patient au milieu des importunités, plein de miséricorde pour les pauvres, et souffrant de ne pouvoir leur donner selon leurs besoins.

Il aima la beauté du temple du Seigneur et son zèle brilla dans l'ornementation des autels du couvent et dans les libéralités qu'il faisait avec bonheur aux églises pauvres.

Son dernier adieu au chœur des Pères, qu'il embaumait depuis un demi-siècle du parfum de ses prières, a été le chant de la messe de minuit, le jour de Noël, Quoiqu'il fût déjà bien souffrant, il tint à la célébrer en sa qualité de doyen de la maison. L'heure du repos avait sonné pour lui ! Aux douleurs rhumatismales déjà anciennes, s'est ajoutée une fluxion de poitrine, dont il a supporté les souffrances avec une admirable résignation, tenant d'une main son crucifix et de l'autre son chapelet.

Les prêtres du canton de Saint-Laurent-du-Pont qui ont pu être avertis à temps, se sont fait un devoir d'assister à sa sépulture, avec un grand nombre de fidèles. Ce concours, contrastant avec la majestueuse simplicité de la cérémonie, rappelait la vie du vénérable défunt, qui repoussa toujours les honneurs et les remerciements.

Les Chartreux, pour qui le monde est crucifié pendant la vie, ne sauraient le désirer à la mort. C'est pourquoi, les cérémonies de la sépulture ne sont que l'expression de cet esprit de pauvreté et d'humilité. Après avoir procuré tant de ressources à la Communauté, par un si long travail, le vénérable Père est déposé sur une pauvre planche. La psalmodie des Matines des Morts et les trois absoutes terminées, on se rend au cimetière en récitant le psaume *in exitu*, qui rappelle le passage du peuple de Dieu, de la terre de privations, à celle où coulaient en abondance le lait et le miel.

Le frère Barthélemy, le plus ancien des frères convers, porte en tête de la procession, l'unique flambeau qui a brûlé aux pieds du défunt, exposé dans l'église depuis la veille. La croix suit, puis le célébrant, en tunique de laine et en étole, accompagné des autres religieux, sur un seul rang. Arrivé au cimetière, le célébrant bénit la tombe et le corps y étant déposé, il jette un peu de terre pour le recouvrir. Pendant que l'on continue, les Pères récitent neuf psaumes pour le défunt. Les cérémonies sont terminées par les oraisons, et au retour, on asperge les tombes anciennes. La communauté se rend de là à la salle du chapitre, où le Révérend Père, malgré son grand âge et ses infirmités, est venu résumer la vie du défunt. Il a pu dire de lui, que, comme Moïse, Dieu le sanctifia par la foi et par la douceur et qu'il fut, après 48 ans de profession, aussi exact aux devoirs de la vie religieuse, que dans la ferveur du Noviciat. Terminons par ces paroles de l'office du saint Patron du défunt : « *Moriatur anima mea, morte justorum et fiant novissima mea horum similia* ».

(Ecrit par un prêtre de Saint-Laurent-du-Pont).

# Abrégé de la vie et des vertus

## de Jean-Baptiste Garnier, frère de Dom Louis

### né aux Garniers en 1812

## mort religieux à la Grande Chartreuse en 1892

### *sous le nom de Frère Jean-Pierre*

---

Dom *Louis* était venu frapper à la porte de la Grande-Chartreuse le 5 mai 1827. Dix ans plus tard, Jean-Baptiste, le quatrième de ses frères, par rang d'âge, venait le rejoindre dans ce monastère. Comme Dom *Louis*, il avait fait ses études de latin au petit séminaire de la Chartreuse, près Le Puy. Il aurait donc pu aspirer au sacerdoce et demander à entrer au noviciat des Pères. La haute idée qu'il avait du sacerdoce et sa profonde humilité l'arrêtèrent. Il pouvait du moins demander de faire partie de la communauté des frères convers. Il crut que c'était encore trop pour lui. Il se contenta de se faire admettre comme frère oblat, momentanément du moins. Mais son humilité ne devait pas se démentir, et il resta toute sa vie religieuse, dans cette humble condition. Faire partie de la famille de Saint Bruno, fût-ce comme simple oblat, c'était assez pour lui. Il était venu en Chartreuse pour se cacher et se dérober aux honneurs que le monde recherche avec tant d'avidité. Aussi ne vit-on jamais religieux plus humble et plus content, de remplir les emplois les plus modestes. Ses délices étaient de présider et de surveiller les travaux exécutés par les domestiques de la maison. Il était plein d'attention pour eux et se faisait le plus petit d'entre eux. Aussi en obtenait-il tout ce qu'il voulait. Que n'aurait-on pas fait pour faire plaisir au bon frère Jean-Pierre ? Son grand esprit de foi les édifiait profondément et il ne manquait aucune occasion de leur apprendre à sanctifier leur travail. Le bon Dieu récompensa son zèle. Il eut la consolation d'en gagner plus d'un à la vie religieuse.

Un peu plus tard, la fabrication de la liqueur ayant pris une grande extension, et pour éviter de troubler le recueillement des moines, la distillerie fut transportée à Fourvoirie, près de Saint-Laurent-du-Pont, presque à l'entrée du désert.

De ce chef, on dut détacher de la communauté un Père, deux frères et tout un personnel domestique. Le frère J.-Pierre fut l'un des deux frères choisis. Là, pour utiliser son instruction, on lui confia la comptabilité. — Il devait remplir cet emploi pendant plus de vingt ans. — Sans trop se plaindre, il soupirait après un emploi moins absorbant, qui lui laissât plus de liberté d'esprit pour s'entretenir avec Dieu et faire ses exercices de piété. Mais il s'encourageait à la pensée qu'il était là où Dieu le voulait.

Cependant ce travail de bureau qui devenait toujours plus écrasant, minait son tempérament, pourtant des plus robustes, peut-être même parce que robuste. Ses supérieurs, qui s'en rendaient compte finirent par le rappeler au monastère, et lui donnèrent un emploi moins absorbant. Il fut alors employé à la pharmacie, où il devait rester jusqu'à la fin de sa vie, occupé surtout à confectionner et à étiquetter les flacons d'Elixir.

Dans tous ces divers emplois, le frère Jean-Pierre se montra toujours le religieux le plus exact à ses exercices de piété. Tout en lui respirait la piété et le recueillement. La sérénité de son visage était remarquable et dénotait la paix de son âme toute absorbée en Dieu. Aussi se plaisait-on en sa compagnie. Plus d'un voyageur visitant les ateliers où il travaillait, se plaisait à prolonger l'entretien comme retenu par le charme tout céleste de sa conversation et édifié de tant de simplicité.

L'une des grandes joies de notre modeste religieux, c'était de recevoir de temps en temps la visite de quelque prêtre du diocèse du Puy. C'était pour lui, on le sentait, une véritable fête de pouvoir parler du pays, de ses anciens camarades du petit séminaire. Avec quel empressement il se mettait à la disposition de ses visiteurs pour les accompagner chez le R. Père Général et appuyer leur requête, et quand il avait réussi, il semblait plus heureux que le quêteur lui-même. Il s'ingéniait en outre à leur faire plaisir et à leur rendre tous les services possibles pendant leur séjour au monastère. Au départ, il ne manquait pas de leur remettre un petit flacon de liqueur comme viatique et surtout (c'était là son cadeau de choix), il leur donnait une pieuse image. Elle était d'ordinaire bien modeste, mais le frère Jean-Pierre était si heureux de la donner que, touché de sa simplicité, on l'acceptait comme une relique.

En terminant cette courte notice, nous sommes heureux de pouvoir mettre sous les yeux du lecteur une lettre du frère Jean-Pierre, à sa sœur et à sa nièce, de la Visitation de Brioude. On jugera mieux par là de sa grande simplicité et de son esprit de foi.

« La Grande-Chartreuse, 12 oct. 1874.

« Chère sœur, très chère nièce et filleule,

« Je m'empresse de vous écrire pour répondre à votre bonne lettre du 29 septembre, qui vient de m'arriver après un long détour à la Chartreuse de Porte, diocèse de Belley, où elle était allée rejoindre Dom Louis, qu'elle n'a pas trouvé ici, vu qu'il était parti depuis quelques jours.

« Dom Louis me la retourne de là-bas, sans l'avoir lue, à ce qu'il m'a dit dans un billet qu'il a glissé dans la deuxième enveloppe. Quelle mortification ! Il me marque dans ce billet qu'il va bien et qu'il est bien content. Tous les Pères lui ont fait un accueil chaleureux. On ne pouvait assez l'embrasser. Beaucoup de ces Pères l'avaient connu ici. Ils sont fiers d'avoir parmi eux l'un des doyens de l'ordre. Comme Dom Louis ne peut pas rester sans emploi, on lui a donné l'honorable emploi de sacristain qui chez nous vient presque après celui de Prieur. Il avait jadis rempli cet emploi ici, pendant près de vingt ans. Il s'y plaisait beaucoup. Le sacristain, en effet, est comme le garde d'honneur de Notre-Seigneur au Très Saint-Sacrement. Aussi, si vous voyez quelle propreté règne dans nos chapelles ! Quel soin on prend des ornements sacrés et de tout ce qui sert au Saint-Sacrifice !

« Maintenant je vais vous dire le motif du changement de Dom Louis, mais il ne faudra pas qu'il comprenne que je vous l'ai dit. D'abord Dom Louis avait demandé son changement pour avoir sa tranquillité et se préparer à la mort. De plus le Révérend Père craignait qu'à cause de ses privations et mortifications il ne fît quelque maladie. Pour le conserver plus longtemps, il s'est décidé à l'envoyer à la Chartreuse de Porte : « Notre intérêt, m'a « dit le R. Père, est de conserver Dom Louis tant que nous « pourrons, parce que nous avons beaucoup de choses qui « marchent en son nom et à sa mort nous aurons une « forte main-morte ou impôts à payer ».

« Ici mon pauvre frère abusait de sa santé, il ne se soignait en rien, il dînait quelquefois vers les 4 heures, n'ayant rien pris jusque-là, il était trop dur pour lui-même, oubliant qu'il n'était pas simple particulier, qu'il se devait à l'ordre et à son couvent. Ces excès, dit Saint François de Sales, ne valent rien nulle part, ils ne sont permis que dans la pratique de l'amour de Dieu. Là où il est, il n'osera pas faire de singularité, il suivra le train de la communauté et se contentera des austérités de la règle. Ici, comme il était le plus ancien, on n'osait pas le contrarier. On avait beau lui défendre de tant travailler, de tant se mortifier, il n'en faisait rien. Le Révérend Père Général m'a dit qu'il reviendra de temps en temps pour affaires importantes.

« Voilà comment la Providence nous ménage de temps en temps, quelques sacrifices à faire. Offrons-les lui de bon cœur, ça sera autant de fleurons ajoutés à notre couronne. Quant à moi, la santé va bien. Je souhaite que vous soyez toutes deux de même. Dieu soit béni ! Comme le temps passe vite ! Comme on se fait vieux sans s'en douter, me voilà avec 63 ans sur les épaules ; on dit que je ne m'en donne pas plus de 50. Je vous dirai que les pauvres des environs ont bien regretté Dom Louis. J'en ai vu plusieurs pleurer à chaudes larmes, quand ils ont appris son départ.

« Je suis bien content d'être remonté au couvent. Ici je suis bien plus tranquille que dans ce grand entrepôt de Fourvoirie, où je tenais la comptabilité. En voilà bien assez jusqu'en janvier 1875, si Dieu le veut. A Dieu dans les S. S. Cœurs de J. M. J.

« Frère JEAN-PIERRE ».

On a pu s'en rendre compte, le trait dominant, chez le frère Jean-Pierre, ce fut son grand esprit de foi et son humilité profonde. — Comme il fait bon mourir quand on a ainsi vécu ! — C'est donc avec calme et confiance que le frère Jean-Pierre vit approcher sa dernière heure et rendit sa belle âme à Dieu, après une courte maladie.

Il allait rejoindre au ciel ses trois frères religieux qui l'avaient précédé dans la tombe.

C'était à la fin de l'an 1892.

# MONASTÈRE DE LA TRAPPE

## de N.-D. d'Aiguebelle

Comme le V. Père Dom *Louis* eut encore deux frères, morts Trappistes à N.-D. d'Aiguebelle, nous croyons utile, avant de donner une courte notice sur ces deux saints religieux, de dire d'abord quelques mots sur le monastère d'Aiguebelle et sur le genre de vie du Trappiste.

### I. — Abbaye de N.-D. d'Aiguebelle

Cette abbaye, fondée en 1137, est située au fond d'un vallon solitaire, près de Grignan (Drôme).

Elle fut dans le cours de sa longue existence, jusqu'à nos jours, une véritable pépinière de saints.

La communauté se compose de *religieux de chœur* auxquels incombe l'obligation de réciter le grand office, et de *frères convers*, plus spécialement occupés au travail manuel. Les uns et les autres jouissent des mêmes privilèges spirituels et émettent les mêmes vœux, selon la règle de saint Benoît.

Au-dessous des religieux de chœur et des frères convers, la communauté comprend encore les frères *oblats*, parmi lesquels, plus d'une fois, sont venus se cacher de grands personnages, selon le monde.

Le trappiste est une personne consacrée à Dieu et qui tend à la perfection religieuse par la prière, le travail et la pénitence, en imitant la vie, les vertus et le labeur de Notre-Seigneur, de la Sainte Vierge et de Saint Joseph, à Nazareth. Son apostolat à lui, bien réel et efficace, est celui de la prière et du sacrifice en union avec la vie cachée du Sauveur.

Levé tous les jours à 2 heures du matin, il commence par offrir à Dieu les prémices de sa journée, en se rendant à la chapelle pour y réciter l'office et y faire son oraison, suivie d'une messe, où il communie le plus souvent possible ; après le déjeuner qui suit, il se rend aux travaux des champs ou à l'emploi qui lui est confié (menuiserie, forge, cordonnerie, etc., etc., selon ses aptitudes), car le Trappiste vit du travail de ses mains, de la culture des champs, de l'élevage des troupeaux et doit se suffire. Le travail manuel dure environ huit heures par jour, il est entrecoupé par les offices et des intervalles de repos consacrés à la prière et à de pieuses lectures. En dehors des supérieurs et des chefs d'emploi auxquels il peut toujours adresser la parole quand c'est nécessaire, il ne parle à aucun de ses frères sans une permission spéciale.

La règle accorde sept heures de sommeil. Les deux principaux repas ont lieu vers midi, et le soir vers six heures ; l'abstinence est perpétuelle, sauf les cas de maladie, où l'on est autorisé à faire gras. Le trappiste n'observe pas d'autres jeûnes que ceux prescrits par l'Eglise à tous les fidèles.

Prière, travail, silence, veilles, abstinence( à tout cela il faut ajouter un certain nombre d'autres austérités, telles que les vêtements tous en laine, même le linge de corps, et cela en toute saison, le sommeil pris tout habillé sur une simple paillasse, etc..... Heureux le jeune homme qui désireux de se soustraire aux séductions du monde, a entendu au fond de son cœur l'appel du Bon Maître, comme nos deux religieux, dont suit la notice.

Vue de la Trappe d'Aiguebelle

# Abrégé de la vie et des vertus

## De nos deux chers Trappistes

### I

### FRÈRE STANISLAS

*Dans le monde, Pierre Garnier, né aux Garniers
en 1810, mort à la Trappe d'Aiguebelle, en 1860,
à l'âge de 50 ans.*

Le sang de la martyre, Sœur Saint-Julien, n'avait pas
coulé en vain. La famille de Pierre Garnier et de Rose
Perrin allait devenir une pépinière de vocations religieuses.

Entraîné par l'exemple de son frère François, plus âgé
que lui de six ans, et entré à la Grande Chartreuse en
1827, de sa sœur Marie, plus âgée de 2 ans, et entrée au
monastère de la Visitation de Brioude, à l'âge de 20 ans,
Pierre, 4e enfant de la famille, entendit à son tour l'appel
divin. Il demanda donc et obtint de faire ses études de
latin et entra au Petit Séminaire de la Chartreuse l'année
même où son frère quittait cette maison pour entrer au
Grand Séminaire.

Ses études terminées, Pierre, qui toute sa vie, avait rêvé
d'être prêtre un jour, ne se jugea pas digne de ce grand
honneur. Son humilité l'arrêta lui aussi au seuil du
sanctuaire. Mais Dieu l'appelait et le voulait tout à lui. Il
n'hésita pas un instant et répondit à l'appel divin. De
prime abord il semblait tout décidé à aller rejoindre son
frère Dom Louis, déjà profès à la Grande Chartreuse.
Mais il craignit de trop céder à la nature, et par esprit
de renoncement, il se décida pour la Trappe de N.-D.
d'Aiguebelle.

Il arrive comme postulant à ce monastère, le 10 novembre 1833, et demande à être admis parmi les frères convers, ne se jugeant pas digne du sacerdoce. Il était âgé de
23 ans. Après une année d'épreuve, il émit ses vœux le 26
décembre 1834.

Nous avons peu de détails sur le Fr. Stanislas, si ce
n'est qu'il fut un religieux exemplaire. La note dominante
chez lui était, outre son humilité à toute épreuve, son
affabilité toujours souriante et son amour du travail.
Mais, quoique très attaché à son travail, il ne perdait
jamais de vue la présence de Dieu. Son esprit était sans
cesse comme en prière. On peut dire que cet exercice était

comme l'aliment de sa vie. Son amour pour l'hôte divin de nos tabernacles, le faisait soupirer après la sainte Communion. Aussi était-ce avec bonheur et avec la plus grande ferveur qu'il s'approchait de la Table Sainte.

Son âme alors se fondait d'amour et de reconnaissance et son union avec Dieu devenait encore plus intime.

En 1842, il fut envoyé en fondation à Roquereyne (Tarn), mais cette maison n'eut qu'une durée éphémère, et le groupe de religieux rentra à Aiguebelle, l'année suivante. Là, le frère Stanislas continua à se rendre utile à son monastère, auquel il rendit de grands services par son habileté remarquable comme tourneur sur bois. Dieu l'appela à la récompense le matin du 21 décembre 1860, et il alla célébrer la belle fête de Noël dans le ciel, ainsi qu'il le désirait au milieu de ses souffrances. Il succombait à une pneumonie qui tout de suite s'était déclarée mortelle. Le R. P. abbé Dom Gabriel, présida ses obsèques, qui eurent lieu le lendemain, 22 décembre 1860.

<h2 style="text-align:center">II</h2>

<h1 style="text-align:center">FRÈRE RÉMY</h1>

Frère selon la chair et selon la religion du précédent, Jean Garnier, le sixième et le plus jeune enfant de la famille privilégiée de Pierre Garnier et de Rose Perrin, des Garniers, naquit le 15 octobre 1819.

L'exemple de trois de ses frères et d'une de ses deux sœurs qui avaient quitté le monde pour le cloître, ne devait pas tarder à porter ses fruits. De bonne heure, Jean crut entendre l'appel divin, et dès l'âge de 20 ans, il venait, à son tour, frapper à la porte de N.-D. d'Aiguebelle. C'était au mois de juillet 1839.

Ici, nous laisserons parler le Rév. Père Abbé, qui nous a fourni lui-même la petite notice suivante, malheureusement trop courte à notre gré.

« Quoique bien jeune, Fr. Rémy était d'une vertu consommée. Sa modestie était ravissante, sa piété vraiment angélique. C'était une âme, on peut le dire, prédestinée. Sa douceur de caractère lui eut vite conquis tous les cœurs.

« Il était bien éloigné, pour sa part, de tout sentiment d'orgueil. Sa conscience un peu timorée, lui avait représenté les obligations de la vie monastique si grandes, que se croyant incapable de les remplir, il ne voulut d'abord qu'être frère Oblat. Pendant les deux ans qu'il demeura dans ce modeste état, sa conduite ne se démentit pas un instant.

« Enfin le 24 novembre 1841, F. Rémy demanda, quoique en tremblant, l'habit de frère convers. Malheureusement, il allait bientôt nous être ravi. Durant tout son noviciat, il fut retenu à l'infirmerie par une tumeur blanche, ou carie au genou droit et, dès le mois de janvier de l'année qui suivit, il ne put plus quitter son lit de douleur. Le mal fit des progrès lents mais continus. Nous renonçons à décrire l'état de sa jambe et les souffrances atroces qu'il dut endurer. Chaque pansement renouvelait son martyre, alors le patient d'invoquer les saints noms de Jésus et de Marie. Tant de mérites furent enfin couronnés. Le samedi, 9 avril 1842, il rendait sa belle âme à Dieu, et expirait entre les bras de son frère Stanislas. Il avait été administré le 4, et avait prononcé ses vœux dans son lit, le 2 mars précédent. On l'inhuma le lendemain, vers 4 heures de l'après-midi. Ce fut le R. P. Abbé qui fit la cérémonie ».

# Abɾégé de la vie et deʂ veɾtuʂ

DE NOTRE RESPECTABLE SŒUR

## Marguerite-Marie GARNIER

*Décédée en ce Monastère de la Visitation de Brioude, le 20 janvier 1893, âgée de 85 ans, dont 64 de profession.*

Il y avait à peine quelques jours que nous avions fermé les yeux à notre regrettée sœur Marguerite-Gonzague, lorsque le bon Dieu nous imposa un second sacrifice, aussi imprévu que douloureux. Malgré ses 85 ans, notre respectable Doyenne, suivait en effet tous nos saints Exercices, et, par une illusion chère à nos cœurs, nous espérions conserver encore quelques années ce modèle de régularité. Dieu en avait disposé autrement, et dès le début de la nouvelle année. Il allait couronner cette vierge fidèle qui, depuis plus d'un demi-siècle, portait son joug avec tant de bonheur et de générosité. L'humilité de notre vénérée sœur va encore imposer la réserve à notre plume, mais son désir de passer inaperçue dans la mort comme dans la vie, ne saurait nous empêcher de consigner ici les principales dates de sa vie et les beaux exemples de vertus qu'elle nous a laissés. Notre chère Sœur *Marguerite-Marie Garnier* pouvait répéter avec une sainte consolation cette parole de nos livres sacrés : *Nous sommes les enfants des Saints,* puisque son berceau fut placé par le Seigneur, au sein d'une famille privilégiée de Lissac (Haute-Loire), à laquelle il a accordé, non seulement de nombreuses vocations religieuses et sacerdotales, mais encore l'insigne et douloureux honneur du *martyre.* C'est bien le nom, nous semble-t-il, qu'il convient de donner à la mort de la sainte religieuse de Saint-Joseph, propre tante de notre bien-aimée Sœur *Marguerite-Marie,* qui fut guillotinée au Puy, sur la place du Martouret, le 17 juin 1794, en haine de la religion et de sa sainte vocation. L'immolation de cette précieuse victime retomba sans doute sur ses parents en bénédictions nouvelles, car tous restèrent fidèles à leurs principes de foi et d'honneur en ces temps malheureux, et, bientôt leurs enfants se levèrent avec courage pour répondre à l'appel d'en haut, qui les attirait dans la solitude. La Trappe d'Aiguebelle reçut, en effet, deux frères de notre bien-aimée Sœur et la Grande Chartreuse de Grenoble en abrita deux autres, dont l'un devint célèbre par l'invention de la liqueur si connue, qui a porté son nom dans tout l'univers.

Ce fut au milieu de ces saints exemples et de ces souvenirs héroïques, que grandit notre future Sœur. son cœur, naturellement porté au bien, ne parda pas à se sentir incliné à une vie plus parfaite ; aussi, lorsque la voix intérieure se fit entendre, elle y répondit avec cet empressement de l'âme droite et pure, qui n'a jamais aimé et désiré que Dieu seul. Elle avait à peine 20 ans, lorsqu'elle frappa à la porte de notre monastère, que lui ouvrit avec plaisir notre très honorée Mère *Anne-Rosalie Malmenaide*, alors en charge.

C'était l'époque de la renaissance de notre communauté. Dieu, récompensant au centuple les généreux sacrifices de nos dignes Mères restauratrices, leur envoyait de nombreuses et solides vocations, et on voyait au Noviciat cette fervente jeunesse, rivaliser d'ardeur et d'amour au service du bon Maître. La nouvelle Prétendante, s'imprégna, dès le début, de l'esprit monastique qui rayonnait autour d'elle, et, en admirant les douces et fortes vertus qui s'épanouissaient à l'envi, dans ce privilégié cénacle, elle s'efforça surtout de les imiter. Dès lors, on peut le dire, elle se donna sans réserve à Dieu et à sa Communauté. Suivant à la lettre, le conseil que son saint frère, le Père Dom *Louis Garnier*, lui avait donné à son départ, en lui disant : « Si vous voulez être une vraie religieuse, ne vous ménagez en rien », elle prit à tâche de pratiquer fidèlement toute sa règle, sans admettre aucun adoucissement à ses saintes prescriptions. Jusqu'à la fin, elle demeura fidèle à cet édifiant programme, et, à 85 ans, elle suivait encore tous nos saints exercices, jeûnait rigoureusement le Carême, et tous les jours indiqués par les Constitutions, demeurant ainsi, au milieu de la défaillance générale, le type primitif de la religieuse fidèle et une de ces belles et austères figures monastiques, que notre pauvre siècle semble menacé de voir disparaître sans retour.

Aussitôt après sa profession, on utilisa les forces et le dévouement de notre bien-aimée Sœur, dans les emplois les plus laborieux, où elle se rendit très utile, soit comme aide, soit comme officière. Sa charité et sa cordialité brillèrent surtout à l'infirmerie, où les malades furent, pendant de longues années, l'objet de tous ses soins : la nuit comme le jour, elle était à leur chevet, épiant le moyen de les soulager et se prodiguant avec un complet oubli d'elle-même. Après avoir rempli cette mission de douce charité, notre chère Sœur *Marguerite-Marie* fut nommée lingère, puis portière, et s'acquitta de ces charges à la satisfaction de tous. Elle avait 80 ans, et on la voyait encore, dans ce dernier emploi, se lever en été, dès quatre heures du matin, pour ouvrir les portes et accomplir ses messages, avec une exactitude et une cordialité charmantes. Les personnes du monde, aimaient à retrouver au tour cette respectable sœur, dont la figure ascétique, leur parlait du Ciel et dont la suave et inaltérable patience les édifiait toujours. Les années semblaient passer inaperçues sur son front tant elle conservait de calme, de force et d'ardeur, pour répandre autour d'elle, l'amour du travail, du silence et de la prière. Quand on crut lui donner un peu de repos, ce fut avec bonheur qu'elle se plongea dans le recueillement laborieux, où elle devait achever de tresser sa couronne. Plus que jamais, fervente et fidèle, elle était la première à l'oraison du matin, où on la voyait constamment à genoux, donner l'exemple de la plus édifiante application à ce saint exercice, et cela, parmi les obscurités de la foi, aussi bien que dans les transports de l'amour, dont le bon Maître devait plus d'une fois favoriser cette âme si humble et si généreuse. Il nous serait doux de suivre notre vénérée Sœur pendant ses dernières années si remplies, et si utiles à sa famille religieuse, de la montrer, redevenue aide à la lingerie, se réserver la part la plus laborieuse de l'emploi, et former avec une maternelle bonté ses jeunes officières ; de la suivre, dans ses fréquentes assistances des parloirs, où elle se tenait si discrète et si unie à Dieu ; mais les bornes que nous nous sommes prescrites ne nous le permettent pas ; nous dirons seulement que notre humble et vénérée Doyenne, était de plus en plus pour nous, une de ces âmes « qu'il faut estimer comme un trésor, parce qu'elles sont rares », suivant la parole de notre sainte Mère.

Cependant, l'heure de la récompense approchait et rien n'avait encore donné l'éveil à nos cœurs : notre respectable Sœur continuait à ne faire que les deux repas de règle et à suivre, d'une traclette à l'autre, tous nos saints Exercices, lorsque, vers la fin de décembre 1892, le froid devint excessif. Notre bonne Mère, ayant alors engagé la Communauté à prendre quelque chose de chaud, le matin, notre chère Sœur, conciliant l'obéissance avec sa mortification, acceptait à peine quelques gouttes de bouillon, dans la crainte, disait-elle, « de prendre de mauvaises habitudes ». Le plus pénible demeurait encore sa part, et conservait un attrait spécial pour son âme vaillante. C'est ainsi que nous la vîmes, huit jours avant sa mort, à la tête des Sœurs, qui déblayaient nos galetas, de la neige qu'un affreux tourbillon y avait entassée. On le voit, cette austère religieuse ne connut jamais les ménagements et, malgré la plus affectueuse sollicitude, elle devait mourir les armes à la main. Les premiers jours de janvier 1893, où la température était extrême dans nos montagnes, elle travaillait encore sans feu dans sa cellule, se levant au réveil, malgré son âge, et, hélas, malgré une fatigue persistante, qu'elle ne s'avouait pas à elle-même et qu'elle cherchait à dissimuler aux autres. Pressée par les questions d'enotre très honorée Mère, elle convint cependant qu'elle souffrait et éprouvait au côté une douleur très vive. On lui appliqua aussitôt les sinapismes, qui n'amenèrent aucun soulagement. « J'ai la peau très dure », disait en souriant notre bonne Sœur, qui, ce soir-là, fut se coucher, comme à l'ordinaire, dans sa cellule, promettant à notre Mère, de prendre un peu de repos le matin, quoiqu'elle désirât vivement se lever pour faire la sainte communion. Le lendemain, elle dut se résigner à voir le médecin qui, en ordonnant un vésicatoire, ne dissimula pas ses craintes, sur l'issue d'une fatigue, que l'âge et l'épuisement de notre vertueuse ancienne rendaient des plus graves. Ces pressentiments ne devaient que trop se réaliser. Transportée à l'infirmerie, elle semblait interroger les visages et chercher à comprendre ce que l'on pensait de son état : tout en relevant son courage et en dominant par son énergie habituelle, la faiblesse qui l'envahissait, elle faisait ses préparatifs de départ et adressait ses adieux aux lieux aimés, qui avaient été si longtemps les témoins de sa fidélité. Elle emporta elle-même les rideaux de sa cellule en disant : « C'est fini, je ne travaillerai plus ici ».

Le vendredi, 20 janvier, après une matinée assez tranquille, les symptômes les plus alarmants reparurent, sans que la pauvre malade semblât se douter de l'arrivée de l'Epoux. Notre bonne Mère, sans la troubler par l'annonce d'un danger imminent, lui proposa, dans la soirée, de voir Monsieur notre confesseur, ce qu'elle accepta avec plaisir. Ce bon Père entra sur les cinq heures, mais il trouva notre chère Sœur si paisible et si parfaitement à elle, qu'il ne crut pas devoir lui administrer alors les derniers Sacrements. Il lui promit seulement le Saint Viatique pour le lendemain, fête de sainte Agnès, ce qui remplit de joie la chère mourante. Elle parla avec émotion de son bonheur à ses deux nièces, qui vinrent peu après la visiter. L'une d'elles, qui devait la veiller cette nuit-là et qui ne la quitta pas pendant la récréation du soir, ne s'aperçut d'aucun changement dans son état. Ce ne fut que sur la fin de Matines, que la Sœur, qui était à ce moment à l'infirmerie, voyant la chère malade pâlir et s'agiter, avertit aussitôt notre très honorée Mère, qui en toute hâte envoya prévenir Monsieur notre Confesseur. Malgré la diligence de ce digne Père, il était trop tard, lorsqu'il arriva à l'infirmerie pour donner la sainte Communion à la mourante. Il lui réitéra la grâce de l'absolution et, tandis qu'il lui appliquait les dernières onctions, la mort déchira le voile qui séparait encore cette âme fidèle de son divin Sauveur. Il était dix heures et quelques minutes, lorsque la patrie éternelle s'ouvrit devant notre bien-aimée Sœur. Monsieur notre Aumônier récita avec notre très honorée Mère et les Sœurs présentes le *Subvenite*, admirant la bonté de Notre-Seigneur, qui lui avait épargné les angoisses du dernier passage qu'elle avait tant redoutées. Les traits de notre chère défunte demeurèrent empreints d'un calme céleste, qui semblait nous dire : « Ne pleurez pas ; je suis heureuse ! » Puissions-nous imiter les vertus de cette vraie Religieuse et louer un jour avec elle, les miséricordes du Cœur de Jésus.

*Dieu soit béni !*

## Abrégé de la vie et des vertus
# De Marie-Julie GARNIER

*Décédée en ce Monastère de la Visitation de Brioude, le 16 février 1910, à l'âge de 74 ans, dont 51 de profession religieuse.*

Notre chère Sœur Marie-Julie Garnier fut une de ces religieuses d'autrefois, austères et ferventes, laissant le souvenir d'une vie entière de dévouement ; 53 ans passés au service du bon Dieu ne découragèrent pas sa persévérance. L'heure venue de quitter le champ des combats, elle s'en fut simplement, voulant la volonté divine, mais disant encore, à l'exemple de Saint Martin : « Que le bon Dieu ne se gêne pas avec moi, s'il me veut encore dans le travail ». Ce bel exemple nous demeure d'une profonde édification. Puisse-t-il aider à faire connaître aux jeunes âmes, le prix de la vie, ce don premier du Seigneur.

Adélaïde Garnier naquit à Lissac (Haute-Loire), dans une patriarchale famille, qui donna bien des membres à l'Eglise. Sa tante, notre vénérée Sœur Marguerite-Marie Garnier, fournit une fervente carrière dans ce monastère ; deux de ses oncles étaient Chartreux, deux autres Trappistes à Aiguebelle ; actuellement, quatre de ses nièces, dont trois Visitandines, édifient leurs communautés par un profond esprit religieux, tandis qu'un de ses neveux, l'abbé Garnier, curé de Vernassal, porte jusqu'à l'autel les prières de la nombreuse famille. La foi vive de Sœur Marie-Julie, appréciait grandement l'honneur de tant d'appels et se réjouissait d'une si fidèle correspondance.

Elle-même entendit bien jeune le divin : « *Sequere me* ». La crainte des dangers du monde seconda l'attrait de la grâce et bientôt elle demanda une place dans notre maison. Une épreuve l'attendait. Pour rendre plus sûre sa vocation, notre très honorée Mère Jeanne-Sylvie Duvernet exigea un an de séjour dans notre pensionnat. La chère prétendante se soumit, et quelques mois plus tard, la porte du noviciat s'ouvrait pour elle.

Après un fervent noviciat et la Sainte Profession, Sœur Marie-Julie fut d'abord placée dans un emploi dont le recueillement favorisait sa piété : elle fut aide à la sacristie. La jeune professe sut estimer la grâce de ce choix, et nous croyons volontiers que c'est en cette solitude qu'elle prit la sainte habitude de lancer à Jésus de nombreux actes d'amour, formulés souvent à haute voix. Bientôt elle fut mise dans les emplois laborieux ; le réfectoire, la lingerie, la dépense, la roberie bénéficièrent

tour à tour de son amour du travail et de la sainte
Pauvreté. La sainte Pauvreté ! comme elle savait en soutenir les droits, utilisant les moindres choses, raccom-
modant avec un zèle inlassable, jamais pourtant au
préjudice de l'aimable cordialité. Pous satisfaire un
besoin, éviter une gêne, elle eut dix fois fait et refait un
ouvrage, sans impatience, sans ennui. Lorsque son âge et
ses mauvais yeux lui rendirent impossibles les fines
reprises, les grosses toiles et les bas lui fournirent encore
la matière d'un labeur assidu. Avec cela, les travaux
communs, balayages, lessives, la trouvèrent, jusqu'au
dernier jour, vaillante comme une courageuse novice. Elle
n'était guère tendre pour elle-même, notre bonne
ancienne ! Plusieurs fois elle fit des chutes et reçut des
contusions qui eussent, à bien d'autres, nécessité des
soins et du repos. « Ne dites rien.... » était, dans ces cas,
son premier mot et tout simplement, elle continuait sa
besogne. Un jour pourtant, l'accident fut plus grave et
jeta l'épouvante parmi celles qui en furent témoins. Sœur
Marie-Julie descendait un escalier ; le pied lui manqua,
elle tomba lourdement contre un angle qui la renvoya
jusqu'au bas des degrés. On la releva la tête en sang, mais
grâce aux bons anges, il n'y eut aucune suite sérieuse.
Remplissant la charge de robière, elle tomba malade
d'une atteinte d'influenza, peu de temps avant la saison
d'hiver. Quelle épreuve pour une officière désireuse de
donner à chacune des vêtements plus chauds, et qu'une
station à l'infirmerie va mettre en retard ! Aussi le
docteur fut-il accueilli par des paroles décidées : 
« Voyez, docteur, je n'ai pas le temps d'être malade,
guérissez-moi bien vite, je vous prie ». Il fallut pourtant
patienter et prendre le temps d'être malade par la volonté
de Dieu.

Parce que notre chère Sœur se donne de tout cœur au
travail, il en résulte un peu d'abstraction, et souvent le
son de la cloche ne la tire que tardivement de ses arran-
gements d'emploi. Jamais elle ne pactise avec ce petit
travers ; elle prend de continuelles résolutions, en varie
la forme pour entretenir la ferveur ; elle entre dans les
plus petits détails pour éviter l'inutilité des vagues
promesses : « Six fois par jour, à tels exercices, je
quitterai tout au premier signe ». Une autre fois elle
particularise quelques pénitences : dire un *Miserere* à la
première inexactitude ; prendre la discipline à la
seconde ; dire sa coulpe à la troisième, etc...

Nous devons aussi parler de la manière dont notre chère
Sœur remplissait le principal emploi de la vie religieuse :
le saint office. Son zèle sur ce point était secondé par une
fort belle voix, longtemps le soutien du chœur et la
ressource des chants extraordinaires. Dans les actes du
culte divin, Sœur Marie-Julie portait une gravité, une
dignité, dirons-nous, qui dénotait un profond respect,
l'esprit sérieusement amoureux, demandé par notre saint

Fondateur, pour les exercices regardant immédiatement le service d° Dieu.

Si nous entrions plus avant dans l'âme pieuse de notre chère Sœur, nous verrions, comment, dans le service intime du divin Maître, elle se montra aussi bonne et fidèle servante.

Sa voie ici fut une suite ininterrompue de luttes et parfois de sécheresses, mais si, jusqu'au dernier jour, elle eut à combattre, du moins sa persévérance fut admirable. Nous rappelant donc que Dieu demande l'effort et non le succès, nous pouvons croire que ce bon Maître voyait avec amour et complaisance cette fidèle Israëlite toujours les armes à la main. D'ailleurs, Sœur Marie-Julie était une âme droite, éminemment sincère ; elle se regarde donc en face, avoue humblement sa faiblesse, et si souvent des tentations de découragement se joignent à ses autres difficultés ; elle y répond par l'effort, par la confiance dans la pure volonté de foi.

Ouvrons pour un instant ses notes intimes. En 1863, sous le titre : « Sentiments et réflexions de ma retraite », elle écrit : « Quoique vivant sans consolation intérieure ou extérieure, je dois être contente ; ayant tant offensé Dieu, il est juste que j'accepte la privation. L'humiliation doit être mon partage... le renoncement mon action.... et c'est dans l'obscurité de la foi, dans l'abandon que je dois vivre et peut-être mourir.... Oh ! Jésus, oh ! Marie, vous êtes avec moi ; quoique dans l'obscurité, je ne craindrai rien, établissez-vous dans ce chétif cœur ; oui demeurez avec lui ; fixez-le en votre divin cœur, qu'il n'aime, qu'il ne cherche d'autre repos, d'autres consolations dans la vie et après la mort que celle de vous être toujours uni... » Une autre fois, elle écrit : « Si à raison de mes fautes passées, le bon Dieu me veut toujours dans cette disposition, de crainte de ses jugements, pourquoi une bonne fois pour toutes, ne me soumettrais-je pas à sa miséricorde; n'est-elle pas infiniment plus grande que ma misère ? Donc en avant, aidée du secours de ma bonne mère Immaculée, je m'abandonne courageusement à l'amour du Sacré-Cœur de Notre-Seigneur... »

Soudain, une éclaircie se fait : « J'ai compris dit-elle, le lendemain, que je cherchais Dieu avec trop d'empressement. Le souvenir de Sainte Madeleine, cherchant le divin Maître dans le tombeau, tandis qu'il était ressuscité, m'a fait un peu rentrer en moi-même... » « Oh ! Seigneur, Jésus ! me suis-je écriée, moi aussi je ne vous trouve plus dans le tombeau ; mais où êtes-vous donc ? Ne vous trouverai-je jamais ? Je vous en conjure, touchez de votre main divine, non seulement mon front comme à Madeleine, mais aussi et plus encore mon cœur de votre saint et très pur amour, en sorte que, par ce sentiment d'amour, il puisse se surmonter et se vaincre ».

Au milieu de tant d'épreuves, Sœur Marie-Julie avançait si vaillamment, que pas une de ses sœurs ne soupçonna jamais par quelle voie douloureuse elle arrivait au port.

Avant l'heure de la récompense, le Seigneur lui accorda du moins un jour de vrai bonheur.

Le 7 octobre 1908, nous nous fîmes une joie de fêter le 50ᵉ anniversaire de sa profession. Elle accueillit nos petits honneurs avec une cordialité charmante et trouva pour nous remercier, des expressions d'une extrême délicatesse. Son neveu, l'abbé Garnier, curé de Salzuit, célébra la sainte messe, plusieurs de ses parents y assistèrent et contribuèrent ainsi à rendre la fête plus douce à son cœur. Surtout la bénédiction de notre Saint Père le Pape Pie X, la combla de bonheur.

Nous n'avons rien de la retraite qui précéda son renouvellement ; mais si nous en croyons un petit billet adressé à une de ses chères nièces, sa sœur en religion, Notre-Seigneur fut un tendre Père à celle qu'il s'était longtemps plu à éprouver : « La perfection du divin amour, dit-elle, l'union intime et continuelle avec Jésus, c'est l'exquis de la perfection. Nos cœurs y aspirent. Croyons que Dieu bénira nos efforts et qu'il nous attirera dans son cœur. Quelle délicieuse pensée ! Dans son cœur, oh ! oui dans son cœur ».

L'année s'écoula doucement, mais plusieurs fois, dès l'année suivante, notre chère Jubilaire dut accepter les soins des infirmières ; elle s'affaiblissait beaucoup ; l'épidémie de groupe de 1910 trouva en elle un terrain malheureusement trop favorable. Notre chère Sœur fut très édifiante pendant sa courte maladie ; elle était abandonnée comme un enfant et si cordiale envers les Sœurs ! Dans la soirée du mardi 15 février, elle parut plus souffrante ; déjà elle avait reçu tous les secours de la Sainte Eglise. Au milieu de la nuit, il devint manifeste que la dernière heure était proche. Notre très honorée Mère demanda alors à la mourante si elle désirait voir Monsieur notre aumônier : « Oui, ma Mère, répondit-elle ; je n'ai rien qui me fasse de la peine, mais une absolution me ferait bien plaisir ». Lorsque Monsieur l'aumônier entra, il était quatre heures ; à six heures et quart, Sœur Marie-Julie s'endormait doucement, en présence de deux infirmières, ses propres nièces, et de plusieurs de nos Sœurs. Notre très honorée Mère, après avoir passé la nuit à son chevet, venait de s'éloigner un moment, l'agonie paraissant devoir être longue encore. Notre chère Sœur avait eu souvent sur les lèvres, en ces derniers jours, cette fervente aspiration : « Mon Dieu, vous le savez, je vous ai toujours aimé ».

Cette confiante parole nous fait croire que le bon Dieu adoucit ses peines intimes et que dès avant le grand jour de l'éternité, le soleil des divines récompenses projetait un consolant rayon sur l'âme généreuse de notre regrettée Sœur Marie-Julie.

*Dieu soit béni.*

# De notre chère Mère FARIGOULE

*Décédée au Puy, en son couvent de Notre-Dame, le 22 novembre 1925, âgée de 63 ans, dont 40 de profession.*

> « Heureux ceux qui sont purs dans leurs voies, qui marchent dans la loi du Seigneur ». Ps. 118.

La divine Providence plaça le berceau de la petite Amélie dans un foyer foncièrement chrétien.

Une longue lignée d'ancêtres avait infusé sa foi courageuse dans cette famille bénie. Remontant à plus d'un siècle, nous trouvons une arrière-grand'tante, arrachée de son couvent et condamnée à l'échafaud pour sa fidélité à la religion. Rien d'étonnant dès lors que Dieu se soit choisi de nombreuses vocations dans cette famille privilégiée. Nous avons plaisir à citer ici, outre notre chère Mère Farigoule, deux de ses sœurs, Marie et Rosine, religieuses, l'une à la Visitation de Brioude, l'autre à celle du Puy, ainsi qu'un de ses neveux, frère des Ecoles chrétiennes.

Les parents d'Amélie, propriétaires très aisés, cultivaient avec amour les terres familiales. La maison se trouvait, au gentil hameau du *Verdier*, paroisse de Céaux-d'Allègre.

A une inlassable activité naturelle, le père de famille, Jean-Pierre Farigoule, joignait les solides vertus des anciens patriarches. Observer scrupuleusement les traditions de foi, d'honneur, de probité léguées par les générations précédentes, était sa grande préoccupation. Nul n'assistait plus assidûment aux offices religieux. Nul n'était en meilleurs termes avec les prêtres de sa paroisse, qui tous, à l'occasion, citaient fièrement ce chrétien bien convaincu.

La mère, Julie Garnier, née aux Garniers de Lissac, méritait certes d'être associée à son courageux époux. Elle était la petite nièce de la martyre, Marie-Anne Garnier, la propre nièce de Sœur Marguerite-Marie de la Visitation de Brioude, de deux PP. Chartreux, de deux PP. Trappistes, en même temps que la propre sœur de Sœur Marie-Julie Garnier, religieuse, elle aussi, de la Visitation de Brioude.

Elle avait donc de qui tenir. Aussi une piété profonde inspira constamment sa conduite. Entourée d'une superbe couronne de onze enfants, elle mit tout en œuvre pour les orienter vers Dieu.

Amélie fut le cinquième fleuron de ce riche diadème. Nature douce et paisible, elle ne prenait point part aux jeux bruyants de ses frères. Ses préférences l'inclinaient vers des amies posées, avec lesquelles elle s'entretenait déjà sérieusement. Docile, elle écoutait les avis maternels la prémunissant contre toutes sortes d'écueils.

En effet, les parents conscients de la responsabilité de leur charge, exerçaient une vigilance attentive sur leurs enfants. La pensée de Dieu présent partout, servait de base principale à leur première éducation.

Et pour apprendre à agir, à bien prier, les chers petits n'avaient qu'à jeter les yeux sur papa et maman.

Le village du Verdier avait alors le bonheur de posséder sa « Béate », pour apprendre à lire aux enfants et leur enseigner le catéchisme. C'est dans cette école rustique qu'Amélie se prépara à la première communion. Nous n'avons aucun souvenir précis de cet acte solennel. Jésus-Hostie dut certainement combler de faveurs ce cœur si pur. Est-il téméraire de supposer qu'il y déposa en cet instant béni le germe délicat de la vocation ?

L'année suivante, Amélie entrait comme interne chez les Dominicaines de Céaux. Sous la sage direction de ses sages maîtresses, son intelligence se développa, son âme s'ouvrit davantage aux effusions de l'Esprit-Saint. Elle devenait ainsi toute disposée à subir la salutaire influence de sa sœur aînée, Joséphine. Cette dernière, avait été pensionnaire à Notre-Dame du Puy. Ame d'élite, elle s'était sentie dès lors attirée vers le cloître. Malheureusement, ce désir venait à l'encontre des desseins paternels. « Mon enfant, déclara le Père Farigoule, tu nous vois ta mère et moi excédés de charges et de travaux. Je ne t'accorderai la permission de partir que lorsque les petits pourront se suffire ». Fut-ce chagrin intense de voir traversés ses meilleurs projets ? Eprouva-t-elle l'appréhension de ne pouvoir les réaliser plus tard ? Mystère... ou plutôt, le Cœur de Jésus ne voulût-il pas se hâter de transplanter un lis si beau dans les parterres célestes ?

Quoi qu'il en soit, un mal sourd et lent consuma peu à peu ses forces. Après plusieurs mois de souffrances généreusement supportées, la tige de la fleur se brisa et les anges offrirent sa blanche corolle au Dieu qui « se plaît parmi les lis ».

Mais durant sa longue maladie, Joséphine sut répandre autour d'elle un peu du feu sacré dont elle était embrasée. A son contact, Amélie déjà bonne, se transfigura. La vanité des bagatelles et des futilités mondaines lui apparut nettement. A son tour, elle sollicita la faveur de venir chez nous, d'abord comme élève.

Le pauvre père, encore inconsolé, n'eut garde désormais d'opposer aucune résistance aux sollicitations légitimes de ses enfants. Il souscrivit à ce départ temporaire.

Dès son arrivée, l'adolescente se montra appliquée à l'étude et à son perfectionnement moral. Après trois ans de formation, l'appel divin paraissant formel, elle obtint facilement la double adhésion de ses parents et de la Communauté, pour monter au noviciat.

C'est à la fin de septembre 1883 qu'elle entra dans l'arche sainte du cloître.

« La postulante, affirme son octogénaire maîtresse, goûtait beaucoup les choses de Dieu. Secondée par d'heureuses dispositions naturelles, elle acquit rapidement les vertus propres à notre institut. Et quelle excellente impression produisait son extérieur recueilli ? La douceur de sa parole, la modération de ses manières, surprenaient dans une aussi jeune personne.

Le 25 mars 1884, Mlle Farigoule, inondée de joie, revêtait les livrées de Jésus, et ainsi s'établissait entre son âme et le monde, une apparente et profonde séparation.

Enrôlée dans l'éducation des enfants, la novice allait en exercer les fonctions. Mais on se trouvait à l'époque où l'obtention de diplômes commençait à être imposée par les lois sectaires.

Sœur Farigoule subit les épreuves avec succès.

Fût-ce l'effet du surmenage, la santé de la jeune maîtresse fléchit alors un peu.

Néanmoins les deux ans d'épreuve étant révolus, la novice fut admise à prononcer les vœux perpétuels. Dépeindre l'allégresse de son âme en ce jour, est chose impossible.

Aussi, à partir du 24 mai 1886, son ascension vers la sainteté ne se ralentit jamais.

Nommée régente d'une classe, la nouvelle professe s'acquitta de son emploi avec un dévouement digne d'éloge. C'est qu'en véritable fille de Jeanne de Lestonnac, elle considérait l'œuvre de l'éducation comme une œuvre capitale.

Quelques années plus tard, elle fut chargée de la dépense. On put dès lors apprécier ses qualités d'ordre, de ponctualité, d'économie et d'impartialité. Elle s'adapta si bien à sa nouvelle charge, qu'elle fut une officière modèle.

Soulignons l'heureuse liberté que lui conférait cet emploi. Notre dépensière sert au parloir les prédicateurs de retraites. Or, soucieuse partout de son avancement spirituel, en changeant les assiettes, elle questionnait : « Mon Père, vous avez parlé de telle vertu, permettez-moi de vous demander une explication ». L'explication était donnée et nous avions part aux lumières reçues.

Hélas ! l'heure était venue où Mère Farigoule, quoique encore jeune, allait être associée de plus près aux souffrances du Christ, son époux.

Vers 1905, une névralgie la torturait. On appela le dentiste, il fit l'extraction d'une dent. Cela produisit un trouble dans la circulation du sang. La tête congestionnée brûlait de fièvre. Tout espoir de guérison paraissait impossible, quand un médecin, réussit, par une piqûre, à enrayer la gravité du mal. Le danger de mort avait disparu, mais le sang demeura désormais affaibli. Des troubles digestifs fréquents amenèrent le délabrement de l'organisme. Progressivement, l'intestin s'enflamma, il y eut crise d'appendicite. La faiblesse de la malade ne permit pas de l'opérer. Une période de vingt années de souffrance était commencée. D'abord il y eut des alternatives d'amélioration et de rechute. Alors elle reprenait volontiers une partie de son labeur, toujours avec calme et sa bonne humeur coutumière. Bien qu'elle ait été très affectée de la fermeture de notre pensionnat en 1909, son état maladif atténua un peu son regret de ne pouvoir exercer l'apostolat par l'action. Elle visa du moins à bien remplir celui de la souffrance. Ne pouvant sortir au jardin, elle multipliait ses visites au Saint-Sacrement. Souvent on voyait glisser, silencieuse, le long du grand corridor, une mince silhouette, presque une ombre. C'était la bonne Mère se rendant au pied du Tabernacle. Quelle ferveur dans ses colloques intimes avec le bien aimé ! Comme elle faisait passer de son cœur dans celui de Jésus, toute sa tendresse pour les siens, pour sa famille religieuse, pour l'Eglise, pour la France, car notre orante possédait des trésors d'affection.

Par suite d'ankylose au genou, notre chère malade vécut ses deux dernières années dans sa cellule. Elle affectionnait beaucoup le calme et la solitude ; aussi ne l'obligea-t-on pas à entrer à l'infirmerie. De fréquentes visites lui étaient rendues par nos Mères, qui étaient en même temps ses cousines et par toutes nos Sœurs. Parfois aussi les diverses maîtresses de notre pensionnat étaient appelées, et devaient lui rendre compte des dispositions et des progrès de ses nièces, Marie, Emma et Julie. On était alors chargée de recommandations que l'on n'avait garde de négliger. Elle avait sollicité de son ancienne maîtresse du noviciat, la faveur d'un entretien journalier. Ces deux belles âmes s'enflammaient réciproquement de l'amour divin. Malgré son incessante souffrance, la douce patiente ne voulut jamais être veillée la nuit. « Je frapperai, s'il en est besoin, disait-elle à notre Mère Supérieure, sa cousine, dont la chambre était contiguë à la sienne ».

Munie de tous les secours de notre sainte religion, entourée des membres de la communauté, elle s'endormit paisiblement dans le Seigneur, après la messe, le 22 novembre 1925. Le lendemain eut lieu, dans notre oratoire, l'office des obsèques, et la messe fut célébrée par son cousin-germain, l'abbé Garnier, ancien curé de Vernassal.

Nous fûmes vivement affligées par la disparition de cette fervente religieuse. Nous avons du moins l'intime persuasion qu'elle est au ciel une puissante protectrice pour sa communauté et sa famille, qu'elle avait tant aimées.

D. S. B.

# Frère  PERGENTIN-LOUIS

De l'Institut des Frères des Ecoles chrétiennes

*Natif de L'ssac, diocèse du Puy, de notre Communauté de Valence (Drôme), décédé le 29 juillet 1895, dans la 31ᵉ année de son âge, la 15ᵉ de religion et la 2ᵉ de profession.*

Fidèle à Dieu dès sa plus tendre enfance, grâce à l'excellente famille où il naquit (1), le cher Frère Pergentin-Louis trouva au foyer paternel le principe et la sauvegarde de la douce piété qui fut la vertu dominante de sa vie.

Aussi les signes de vocation se manifestèrent-ils de bonne heure en cet enfant béni, sous la douce influence d'une mère profondément chrétienne, qui aurait voulu pouvoir donner tous ses enfants à Dieu (2).

Dès 1879, n'ayant pas encore atteint sa quinzième année, il fut admis au petit Noviciat de Caluire et y profita étonnamment des leçons qu'il y reçut. De là, il passa au grand Noviciat, puis au Scolasticat dont il subit les épreuves et suivit les exercices avec une grande bonne volonté et une édification constante.

Appelé par l'obéissance à notre communauté de Valence en 1884, le cher Frère Pergentin-Louis n'eut pas d'autre résidence, sauf neuf mois de l'année 1892, pendant lesquels il fut placé comme professeur à la première classe du petit Noviciat de Caluire. « La vertu caractéristique de ce cher confrère, écrit son Directeur, était la piété, comme en témoignent aussi ses confrères, et sa piété était aimable. Son excellente attitude à la chapelle, l'accent pénétré de ses prières vocales, sa préparation sérieuse aux communions de règle et de dévotion, en étaient les marques visibles.

« Elle était aussi communicative que sincère, et le cher frère Pergentin-Louis, l'inculquait à ses élèves avec une singulière facilité, obtenant d'eux, sans peine, la récitation recueillie et posée des prières de classe. Il apportait un soin extrême à leur faire suivre les formules et les

_______

(1) Régis Garnier, père de notre F. Pergentin-Louis, est le neveu du P. Dom Louis Garnier, et de Sœur Marguerite-Marie Garnier, que le lecteur connaît déjà.

(2) Elle y réussit en partie : de ses 6 enfants, 3 se sont en effet consacrés à Dieu.

cérémonies de la sainte Messe, surtout les dimanches et les fêtes, jours auxquels il exigeait une scrupuleuse assiduité.

« Lorsqu'il s'agissait de préparer ses jeunes disciples à la préparation des sacrements, le zèle de notre cher confrère lui inspirait mille industries de nature à assurer tout le fruit de ces salutaires pratiques. Outre la communion mensuelle, il leur suggérait le désir de profiter plus fréquemment encore de ce grand moyen de salut, et il était compris d'un grand nombre. Devenu professeur à l'école supérieure, il témoigna souvent le regret de n'être plus chargé de préparer les enfants à la première communion.

« Le cher Frère Pergentin-Louis savait se faire aimer de ses élèves, et dès lors, les résultats de ses efforts étaient surprenants, grâce, après Dieu, à son enseignement méthodique et à son dévouement continuel. Toutes ses leçons et surtout ses catéchismes étaient soigneusement préparés ; de là, l'aisance des réponses de ses écoliers, lorsqu'ils étaient interrogés.

« La fécondité de l'apostolat de notre cher confrère s'explique par sa fidélité aux exercices de communauté et par le soin qu'il apportait à la fréquentation des Sacrements ».

La maladie qui a occasionné la mort prématurée du cher Frère Pergentin-Louis, a été la conséquence d'un acte imprudent. Par une nuit durant laquelle l'atmosphère était étouffante, il alla se placer sous un robinet d'eau glaciale, s'imaginant suivre en cela le système hydrothérapique de Kneipp. La réaction de chaleur qui eût dû suivre cette affusion, ne s'étant pas produite, faute sans doute des précautions convenables, le tempérament de notre cher confrère en ressentit une secousse fatale, la déperdition rapide de l'appétit. Une attaque nerveuse le laissa même plusieurs heures sans connaissance. Le médecin ne tarda pas à constater les symptômes de la fièvre typhoïde, et conseilla le transport immédiat du malade à l'hôpital de la Croix-Rousse, à Lyon.

La fièvre atteignit en peu de jours, un tel degré d'acuité, que notre cher confrère comprit que sa fin approchait. C'est alors qu'il fit dire au frère Directeur : « Veuillez demander pour moi pardon à la communauté des mauvais exemples que j'ai pu donner et des peines que j'ai pu faire à mes frères ». Ce devoir accompli, il se prépara de son mieux à la réception des derniers Sacrements et de l'indulgence de la bonne mort. Durant sa maladie, il eut la consolation d'être visité à plusieurs reprises et encouragé par un de ses frères, prêtre (1) dans le diocèse du Puy.

Enfin, après huit jours de cruelles souffrances, religieu-

_______

(1) Abbé Garnier, alors vicaire à Saint-Julien-Chapteuil.

sement supportées, le cher Frère Pergentin-Louis passa, nous en avons l'espoir, à une vie meilleure, se confiant et se recommandant avec ferveur à sa bonne Mère, récemment décédée, qu'il suppliait de venir le chercher, et qui, sans doute, l'aura conduit elle-même à la récompense.

Les funérailles eurent lieu à Caluire, et l'inhumation au cimetière de la paroisse (1 . M. le Curé de la cathédrale de Valence voulut célébrer gratuitement un service solennel pour le repos de l'âme du regretté Frère Pergentin-Louis. Tous nos élèves de la ville assistèrent à cette pieuse cérémonie, ainsi qu'un grand nombre de leurs parents.

Les élèves du cher défunt, ne pouvant se rendre à Lyon pour les obsèques de leur professeur, se sont cotisés afin de faire célébrer une neuvaine de messes pour le repos de son âme. Cette neuvaine s'est clôturée le jour même de l'Assomption de la Très Sainte-Vierge. Espérons que notre cher confrère, dès ce jour, aura pu prendre part au triomphe de la Reine du Ciel.

*(Tiré du recueil des notices nécrologiques de l'Institut).*

------

(**1**) Quelques mois plus tard, les restes de notre cher confrère furent transférées dans le tombeau de famille, à Lissac.

# Parenté de la Martyre Marie-Anne GARNIER
## des Garniers

---

Née aux Garniers (Lissac), en 1756, Marie-Anne Garnier, en religion Sœur Saint-Julien, communauté de Saint-Joseph, était la fille de Pierre Garnier et de Marguerite Roux, aux Garniers.

Elle était la sœur :

1° De Marie Garnier, épouse Pierre Ranchet, à Mons (1).

2° De Marguerite Garnier, en religion Sœur Madeleine, morte supérieure du couvent de Beaune, en 1839.

3° De Pierre Garnier, époux de Rose Perrin, de Saint-Vincent, aux Garniers (Lissac).

4° De Jean-Claude Garnier, époux de Marguerite Reynier, à Lissac (2).

## GÉNÉALOGIE

*De la famille de Pierre Garnier, frère de la Martyre et époux de Rose Perrin, de Saint-Vincent.*

Marié en 1798, aux Garniers, Pierre Garnier eut sept enfants, tous neveux ou nièces de la martyre.

1er Jean-Claude, né en 1799, mort en 1871.

2° François, né en 1804, mort Chartreux, en 1876.

3° Marguerite, née en 1807, morte en 1869.

4° Marie, née en 1809, morte Visitandine, à Brioude, en 1893.

5° Pierre, né en 1810, mort Trappiste, en 1860.

6° Jean-Baptiste, né en 1812, mort Chartreux, en 1892.

7° Jean, né en 1818, mort Trappiste, en 1842.

De ces sept enfants, cinq entrèrent en religion. Nous avons donné la vie de chacun d'eux.

Les deux autres se marièrent. C'était :

---

(1 De leur mariage naquit Amable Ranchet, époux Elisabeth Gravier à Mons, et père de Claude, Jean-Mathieu et Pierre Ranchet dont nous retrouvons la nombreuse descendance à Ours-Mons.

(2) Jean-Claude Garnier eut sept enfants : Jean-Jacques, Marie-Anne, Pierre, Victoire, Jean-Baptiste, Rose et Antoine qui ont laissé à Lissac et à Connac une nombreuse descendance.

.1° *Marguerite*, qui épousa J.-François-Régis Gervaix, à Chaumié, paroisse de Lantriac. Ils eurent deux enfants : Euphrasie et Julie Gervaix, mortes célibataires. De ce chef, leur héritage revint, pour moitié, à la branche maternelle, c'est-à-dire aux enfants du suivant :

2° *Jean-Claude*, marié en 1824 (aux Garniers), avec Joséphine Garnier, de Connac (famille Garnier-Ardaillon).

De ce mariage naquirent six enfants, tous petits neveux ou petites nièces de la martyre, et neveux ou nièces des P. P. Chartreux et Trappistes.

C'était :

1° Pierre, né en 1827, mort en 1900.

2° Julie, née en 1829, morte en 1907.

3° J.-Fr.-Régis, né en 1833, mort en 1917.

4° Adélaïde, née en 1835, morte Visitandine à Brioude, en 1910. Nous avons lu sa biographie.

5° Louis, né en 1837, mort en 1918.

6° Ferdinand, né en 1844, mort en 1908.

Leur descendance est la suivante :


## I

Pierre Garnier, époux Rosalie Bonnefoux, aux Garniers, eut 2 enfants : Pierre et Félix.

1° Pierre, époux Delphine Sabatier, aux Garniers, eut 8 enfants : Pierre, Eulalie, Félix, Marie, Eugénie, Augustine, Louis et Louise religieuse de Saint-Vincent de Paul.

2° Félix, époux Cécile Debard, à Tory, eut deux filles, Marie et Rosalie.


## II

Julie Garnier, épouse J.-P. Farigoule, au Verdier (Céaux-d'Allègre), eut cinq enfants : Marie, Amélie, Rosine, Pierre et Rosalie. Les trois premières sont entrées en religion ; Marie, à la Visitation de Brioude ; Amélie, au couvent Notre-Dame du Puy ; Rosine, à la Visitation du Puy.

Seuls, Pierre et Rosalie se sont mariés.

*Pierre Farigoule*, époux Virginie Pélissier, au Verdier, en 1899, a eu cinq enfants : Jn.-Pierre, André, Marius, Louis et Julie.

*Rosalie* Farigoule, épouse de Joseph Farigoule, son cousin, a eu cinq enfants : François, Marie, Pierre, Emma et Joseph (à Dumniac, près Céaux-d'Allègre).


## III

J.-Fr.-Régis Garnier, époux Amélie Ravoux, à Drossac, eut six enfants, dont un prêtre, l'abbé Garnier *Pierre*, né en 1863, ancien curé de Vernassal ; un frère des Ecoles chrétiennes, *Louis*, mort à Valence, en 1895 ; une religieuse Visitandine, à Brioude, *Rosine*, née en 1871.

Les trois autres se sont mariés :

1° *J.-Fr.-Régis*, l'aîné, époux d'Augustine Barthélemy, à Drossac, en 1896, a eu sept enfants : Amélie, Marie, Julie, Clotilde, Marie-Louise, Augusta et Pierre.

2° *Emile*, époux d'Eléonore Soulier, à Lissac, en 1900, a eu quatre enfants : René, Fernand, Emilie et Hélène.

3° *Florentin*, époux Louise Douzet, à Saint-Etienne, décédé en 1920.

### IV

Louis Garnier, époux Julie Veysseyre, à Saint-Paulien, en 1868, a eu pour enfants :

1° *Louise*, épouse Pitoizel, à Saint-Etienne : enfants : Paul et Eugène décédé.

2° *Gervais*, époux Joséphine Monnier, à Siaugues-Saint-Romain. Enfants : Marie-Joseph, Gabrielle, Clotilde.

### V

Ferdinand Garnier, époux Rosalie Borie, aux Garniers en 1865 a eu pour enfants : Eugène, Félix, Jean et Joséphine.

1° *Eugène*, époux Félicie Gerbier, aux Garniers en 1892. Enfants : Florentin, Jean-Baptiste et Gustave.

2° *Félix*, époux Colombe Meunier, à Pralhac (Loudes), en 1894. Enfants : Florentin, Louise, Marcelle, Bertine et Eugénie.

3° *Jean*, époux Eugénie Chambon, à Darsac, 1898. Trois enfants : Edouard, Marius et Augusta.

4° *Joséphine*, épouse Gustave Saugues, à Beyssac, 1900 Enfant : Augusta.

REMARQUE. — Les enfants de Pierre Garnier, époux Bonnefoux, de Julie Garnier, épouse Farigoule, de Régis Garnier, époux Ravoux, à Drossac, de Louis Garnier, époux Veysseyre, à Saint-Paulien, de Ferdinand Garnier, époux Borie, aux Garniers, sont les petits-neveux des PP. Chartreux ou Trappistes et les arrière-petits-neveux de la martyre.

Ils sont tous germains entre eux.

## *Relations de parenté entre la famille GARNIER, des Garniers, et la famille GARNIER-ARDAILLON, de Connac.*

La famille Garnier des Garniers nous est connue. Quant à la famille Garnier-Ardaillon de Connac, elle date du mariage de Claude Garnier, fils de Jean-Pierre, du bourg de Lissac, avec Marie Ardaillon de Connac, en 1729. Les Garniers de Lissac étaient-ils alors apparentés avec ceux des *Garniers* ? De ce mariage, naquit, à Connac, Pierre Garnier qui épousa Claudia Farigoule de Vazeilles-Limandre, en 1749 et en eut six enfants. Il mourut en 1792. Ses enfants furent :

1° Jeanne-Marie, mariée avec le fils Ferrand de Coubladour en 1779.

2° Marie-Anne, mariée avec Jean Danthony d'Orcenac, Azanières, près Saint-Paulien, 1781.

3° Madeleine, mariée avec Jacques Martin, au Thiolan, paroisse de Vergézac, en 1782.

4° Marie, mariée avec Jean Bonnefoux de Bourbouilloux près Saint-Paulien, 1784.

5° Marguerite, mariée avec Etienne Laurent, à Vaures, paroisse de Loudes, 1787.

6° Jean-Pierre, né en 1766, mort en 1838.

Nous nous occuperons seulement de la descendance de ce dernier, Jean-Pierre Garnier, marié deux fois, à Connac.

I. — Avec Françoise Martin de Plancheresse (Siaugues-Saint-Romain) en 1792.

De ce mariage naquit une fille Marie, qui est morte Visitandine au Puy en 1878, après 62 ans de vie religieuse, — et un garçon Pierre, dit le *gros Lardaillou*, époux à Connac d'Ursule Riou de Vergézac, dont il eut 2 enfants :

*Pierre*, qui s'établit à Lamarade et épousa sa cousine-Germaine *Rosalie* Fillère de Montagnac.

*Séraphie*, qui épousa son cousin-germain, Louis Fillère de Montagnac.

II. — Devenu veuf en 1797, Jean-Pierre, déjà nommé plus haut, se maria en secondes noces, toujours à Connac, avec Catherine Fabre de la Bauche (Saint-Rémi) 1799, dont le frère, l'abbé Fabre devint plus tard curé de Lissac de 1818 à 1846.

De ce second mariage, Jean-Pierre eut encore 7 enfants :

1° *Joséphine*, épouse de Claude Garnier des Garniers, le frère des PP. Chartreux et Trappistes, 1825. 6 enfants : Pierre, Julie, Régis, Adélaïde, Louis et Ferdinand, déjà nommés ailleurs.

2° *Marie-Henriette*, mariée en 1827 avec Marcellin Fillère de Montagnac (Vernassal), six enfants :

Louis, époux Séraphie Garnier, sa cousine, à Montagnac ;
Rosalie, épouse Garnier Pierre, son cousin, à Lamarade ;
Florentin, marié deux fois à Montagnac ; .
Mélanie, épouse Jacques Rouchon, à Mestrenac ;
Louise, religieuse à Notre-Dame, au Puy ;
Clémentine, religieuse aussi à N.-D.

. . . . . . . . . . . . . . . . . . . . . . . . . . . . . . . . . . . . . . . . . . . . . . . .

3° *Marie*, mariée avec Claude Ampilhac de Fespercle (Vernassal), 1834, deux enfants : Régis époux Gire Victorine, et Eugène époux Langlade Rosalie, à Vernassal.

4° *Mélanie*, épouse Chaussende, au Monastier, aujourd'hui famille Grangette.

. . . . . . . . . . . . . . . . . . . . . . . . . . . . . . . . . . . . . . . . . . . . . . . .

5° *Julie*, mariée avec Joseph Dessimond de Bellevue-la-Montagne. Deux enfants : Eugène Dessimond, époux Dosithée Blancheton, à Bellevue-la-Montagne, et sa sœur épouse Valentin, à Céaux-d'Allègre (Juchet).

. . . . . . . . . . . . . . . . . . . . . . . . . . . . . . . . . . . . . . . . . . . . . . . .

6° *Reine*, épouse Eymère, à Saint-Paulien. 4 enfants : Alexandre, Jules, Florentin et Alphonsine.

7° *Florentin*, époux Chanut, dé Bilhac (Polignac) et fixé au moulin de Tory près Lissac, quatre enfants :

Louis, ancien maire et notaire de Loudes et juge de paix à Fay-le-Froid, Solignac-sur-Loire.
Joséphine, épouse Teyssier, au Puy.
Léontine, épouse Jamon, au Puy.
Alphonsine, morte religieuse de N.-D. à Tournon.

Tous ces petits-enfants de Jean-Pierre Garnier de Connac étaient germains entre eux.

FIN

# TABLE DES MATIÈRES

www.ingramcontent.com/pod-product-compliance
Ingram Content Group UK Ltd.
Pitfield, Milton Keynes, MK11 3LW, UK
UKHW022121170726
13837UKWH00003B/1288